客庄生活
影像故事

顯影
六堆

李秀雲

李秀雲
攝影
古秀妃
古秀如
撰文

讓大家看到客家

影像紀錄是文化傳播的重要工具，代替人類有限的視覺，在不同的時代見證社會各個階層的發展，從而引發人們對於過去的歷史文化有更深一層的探索與感動。

從前輩客籍攝影家鏡頭下的精采畫面，尤其是 1930 年代到 1960、70 年代間，鄉土紀實攝影極盛時期的作品，不僅讓我們得以窺見早期台灣客家的歷史足跡，體會客家文化的傳世價值與質樸精神，同時也提供研究台灣攝影史發展脈絡的寶貴資源。

本會「客家文化發展中心」，在其前身籌備處階段，即持續推動「20 世紀（1975 年之前）臺灣客籍攝影家調查暨數位典藏計畫」，並將其內容延伸為出版成果。首先推出「客庄生活影像故事」系列叢書，蒐錄了包括：鄧南光、李秀雲、劉安明、李增昌、張阿祥及硬頸攝影群等多位具代表性的客籍攝影家的數百幅影像作品。

這些泛黃而珍貴的「老照片」，透過多位優秀文史工作者的深度詮釋，與專業編輯團隊的企劃整編，無形中為昔時客庄生活影像，做了一次精采的圖文呈現。不僅提供了觀照客家的最佳視野，也足堪為最好看的文化資產。

欣見「客庄生活影像故事」問世，讓讀者既能瞭解攝影家的傳奇生平，又可感受攝影家對人、對土地，以及對生活的深情注目，進而尊敬他們堅持不懈的創作態度。

期許本叢書的出版，能夠全面展現客家豐富且多元的面貌，讓大家看到客家！

行政院客家委員會 主任委員

黃玉振 謹誌

凡例

1. 本叢書主要影像作品源自「行政院客家委員會客家文化發展中心」於其籌備階段時所推動之「20世紀（1975年之前）臺灣客籍攝影家調查暨數位典藏計畫」，並經攝影家本人或其代表人同意授權出版。

2. 本叢書之架構，主要包含：導論、影像作品解讀、攝影家年表、圖版索引等幾個部分。

3. 本叢書文圖版面之設計，以右頁影像作品、左頁詮釋文本為原則；當影像為連續性主題者，則以多頁集錦連作之版面呈現。詮釋文本之主標下方特別標示影像拍攝之年代與地點。與影像及詮釋文本有關之對照圖、歷史文獻、特別解說，則視內容需要穿插呈現。

4. 部分影像作品由於拍攝年代較早，或收藏條件之限制，以致出現髒點、霉斑或刮痕等情形，實非攝影家創作之原貌，因此為盡量呈現畫面的完整性，且兼顧視覺的美感，而適度加以修補圖像。唯有少數影像受損程度甚難改善，但因拍攝內容極具意義，值得進一步解讀，仍保留現況選入書中。

5. 為呼應本叢書彰顯客家生活文化的題旨，內文主標在遣詞用字上，亦盡量表現客語之趣味，常見者如：華語「的」作客語「个」、「是」作「係」，「和」作「摎」或「同」、「我」作「𠊎」、「他」作「佢」、「母」作「姆」、「要」作「愛」、「挑」作「核」、「小孩」稱「細人（仔）」、「一次」為「一擺」、「一起」為「共下」等等。其他使用到的客語字詞，則於內文視情況以括弧加註、註釋等方式解釋字義與用法。為方便閱讀，註釋採「隨頁註」形式，直接放在正文之後，但以明顯較小的字體與之區隔。

6. 客語之用字，以教育部「臺灣客家語常用詞辭典」為優先參照版本，四縣腔（南、北）、海陸腔若有不同用字，則依照影像拍攝之地域而選擇運用。客家語之音標，主要亦參照教育部「臺灣客家語常用詞辭典」，以調值（阿拉伯數字）標示音調，調值一般採上標，本叢書考慮字體較小時恐讀者不易辨識，因此未作上標，而以等大的數字直接置於拼音字母後，標音以特殊且從字面不易判讀音義的字為優先，如拔 ie55 穀種，而如收涎、阿姆等容易判讀者，則不另外加註音標。本書音標以屏東四縣腔為標示。

7. 內文之歷史時代分期，以「清代」、「日本時代」、「光復後」為標示原則。年代標示以西曆為主，除了清代紀年以括弧加註之外，不另標示日本時代、光復後至今之紀年。

8. 中文之通同字，使用現今通行之較為簡化者，如金額之「圓」作「元」、「佔」作「占」、「份」作「分」等。關於罕用字「蕃」，本叢書也改成現行通用的「番」，即使是專有名詞（如「蕃」童教育所）也不例外，以避免因混用而造成的困擾。

目次

戀戀吾鄉

李秀雲的土地素描

一位作者的故鄉、出身和童年，
通常會在他的作品裡烙下影響的印記，
屏東農村孕育了李秀雲的生命和藝術，
而他日後的攝影題材及詩情風格，
也與這片土地血肉相連。

客家人入台墾拓，約是在清康熙 30 年（1691）左右，暫居台南的客族聽聞屏東下淡水溪（今高屏溪）東岸，有大量未墾荒埔，遂冒著瘴癘番害的風險，相繼遷移開墾。

這批客家先民最早抵達的地方，就是舊稱「濫濫庄」的今屏東萬丹鄉四維村地區，以及東港溪上游龍頸溪畔舊稱「糶糴庄」的竹田一帶，六堆先民從糶糴庄初墾，順著河畔陸續開拓出頭崙、二崙、中崙、美崙……等各庄頭，「崙」在客語是高起之平地，頭崙是最早的聚落，「美崙」就是尾崙，攝影家李秀雲出生的頭崙，就是位在六堆先民開墾的源頭區域。

從萬巒和竹田出發的客家墾民，往北開闢了內埔、麟洛、長治、美濃、高樹、杉林等客家庄，往南則擴散到今新埤、佳冬，形成沿海平原和大武山系之間狹長的客家地帶。

康熙末年，發生朱一貴事件，南台灣的客家庄民為維護生命財產安全，以「堆」為單位組織武裝自衛團體，分別是：前堆長治、麟洛，後堆內埔，中堆竹田，先鋒堆萬巒，左

堆新埤、佳冬，右堆美濃、高樹，這六堆同心協力，擊退朱一貴的勢力，從此「六堆」成為凝聚客家意識和客家團結精神的表徵。

頭崙小庄 世代務農

1919 年，李秀雲就誕生在六堆的竹田頭崙，從康熙年間客家先民初墾到日本時代的三百多年間，竹田一直維持著以稻米生產做為主要的生活、經濟型態，人們依賴土地活著，不曾改變。

李秀雲的父親李開能、母親曾增妹皆是篤實的農民，在這次訪查中，李秀雲的長子李國男仔細翻閱父親輩的戶籍資料才發現，祖父母共生了九位子女，卻只有李秀雲、李善妹、李錦亮這三個孩子活了下來，昔時醫療不發達，小孩出生不久即夭折的情形非常普遍，因此，身為大哥的李秀雲，受到的疼愛和照顧可想而知。

李家從廣東蕉嶺移居此地的來台祖為 19 世，李秀雲屬 26 世，歷代都務農，世居的伙房是個單進左右各兩伸手（護龍）的傳統老三

◀◀ 1960 年代六堆農村，李秀雲為自己和檳榔樹映在稻田中的影子，按下了快門。

◀ 1960 年代頭崙李家，李秀雲母親曾增妹（中）和叔婆在禾埕拜天公。

▲ 1967 年，李秀雲父親李開能在伙房一角撕萵苣葉子餵小鴨，因為孩子正在拍他，嘴角掩不住笑意。

合院，李秀雲家住右側，伙房大門口有個小伯公（土地公），村中有三山國王廟，廟前村路的伙房櫛比鱗次，庄頭庄尾還各有伯公。稻田層層包圍著這小村莊，走路穿過稻田和水圳，大約 20 分鐘即可抵達竹田火車站，這個車站屬於潮州線，恰好是在李秀雲出生這年，屏東到竹田段先行通車。

李秀雲在公學校和高等科都以第一名畢業，並考取高雄州立屏東農業學校農業科。農家出身又讀農校，容易讓人理所當然認為李秀雲從小就是在田裡幫忙的農事高手，這個想像，卻被長子李國男的口述打破了。

李國男說，其實父親不大下田做粗活，連打豆仔的豆絞都不會使用，從他懂事以來，都是由母親負責田間所有勞動和家事，而父親在糖廠上班，回家都天黑了，假日也少下田；嚴格講，李秀雲是個出身、成長於農村的知識分子。

初識寫真　一啟視界

奇特的是，這位斯文秀氣的農家少年，最早期的藝文興趣竟然是日本政府介紹武力歌頌軍國思想的宣導快報，李秀雲喜歡看這些畫報裡的動人圖片，並揣想那到底是怎麼拍出來的。

基於對攝影的好奇，李秀雲曾經鼓起勇氣開口向一位家住萬巒的同學李純儒借照相機，他先翻閱雜誌，了解對焦、光圈、快門的關係，然後拿去竹田公學校拍椰子樹，興沖沖

▲▲公學校、屏農時期的李秀雲，氣質俊秀。（李秀雲家屬提供，古秀如翻拍）

▲李秀雲學生時代的日記，字體縝密而秀麗。（李秀雲家屬提供，古秀如翻拍）

▶▲ 1930 年代，屏農時期的李秀雲（前左）和同學合影。（李秀雲家屬提供，古秀如翻拍）

▶李秀雲到日本畢業旅行時買的各種風景明信片，珍藏多年，至今仍保存完好。（李秀雲家屬提供，古秀如翻拍）

地買藥水和木箱，在家裡按圖索驥沖洗生平第一次拍攝的作品。

結果，每張照片都是模糊的。

另一次深刻的攝影記憶是在 1938 年，李秀雲參加了農校為期一個月的日本內地畢業旅行，這趟旅行所費不貲，很多同學去不成。學校聘請一位攝影師隨行，他在旅途中始終注意著這位攝影師，看他如何取景拍攝，並到處收集各地風景明信片，這趟旅行讓李秀雲畢生難忘，時常翻閱相簿和卡片，回味年少情懷。

1939 年，20 歲的李秀雲從農校畢業，這時已經是日本發動侵華戰爭的第三年，他到高雄州旗山郡杉林庄役場擔任農業推廣職務，當時有個竹田公學校同班至交林旺木，留學日本回台後，帶回一台箱型單鏡頭的大相機，他知道李秀雲一直鍾情於寫真，主動出借給他。李秀雲因此得到更多摸索機會，不過相機屬於昂貴品，不好借太久，很快又原璧歸趙，不久他調回離家較近的潮州。

1941 年，李秀雲在媒妁之言下與內埔老北勢（今富田村）的徐榮娣結婚，徐榮娣是典型傳統任勞任怨的客家女性，一肩挑起家務和田事。長子國男剛出生不久，李秀雲獲日本三菱東山產業株式會社徵選，到日本受訓三個月，再前往印尼的蘇門答臘推廣種植棉花、大豆、玉米、稻米等軍需作物。

在日本受訓完畢準備前往印尼時，因美軍潛艇出沒不定，李秀雲和部隊在基隆港等船期間，他打電話到竹田庄役場，通知家人前來相聚，妻子獲報，揹著四、五個月大還在

哺乳中的長子，帶著公公，連夜出發要去基隆，途經遠親鍾德材家，其父看著徐榮娣說：「哎呀這個細榮妹，膽識恁有，無出過門，要揹細人帶家官坐夜車啊」（哎呀這個小榮妹，這麼有膽識，沒出過門，還要揹孩子帶公公坐夜車），這是現年 86 歲的鍾德材所轉述，徐榮娣因為家境不好，雖只有公學校二年級畢業，卻具有堅韌勇敢的性格，她一輩子操勞家事農務，在孩子都成人之後，才到廟裡讀經認字。

光復後，李秀雲幸得平安歸台，翌年順利進入東港糖廠（後改名南州糖廠）就職，初期每天騎一個半小時的腳踏車上班，後來台糖分配腳踏車改裝的機車給員工代步，才換騎機車，1963 年，家中購入第一台 Honda 機車。

此時，李秀雲經常到糖廠各地的蔗園巡視，指導蔗農栽種技術，雖然仍時時想著照相機，卻因太過昂貴，遲遲未敢購買。在那個

▲▲李秀雲 20 幾歲時的模樣。（李秀雲家屬提供，古秀如翻拍）

▲▲▶李秀雲於 1941 年結婚時的喜帖。（李秀雲家屬提供，古秀如翻拍）

▲ 1951 年，李秀雲和糖廠同事、工人合拍紀念照，站在運蔗貨架上左邊第三位、雙手扶著車架的是李秀雲。（李秀雲家屬提供，古秀如翻拍）

▶李秀雲功課好，從小就常常領獎，長大後在台糖任職，還是繼續領獎，這是 1951 年東港糖廠頒給他的蔗作比賽第三名獎狀。（李秀雲家屬提供，古秀如翻拍）

年代，一台普通相機約一、兩千元，是一般公務員兩三個月的薪水，較好的相機動輒五、六千元，等同一甲地一期的收穫，普通家庭是完全負擔不起的。

愛妻支持 中年圓夢

李國男回憶，他的母親有一次發現，怎麼在房間書櫃的隱密角落裡，竟然塞著一些鈔票？李秀雲很難為情的吐實：「那是我存起來準備要買照相機的。」當時李秀雲的薪水全交妻子打理，體貼的妻子非常驚訝脫口而出說：「哎呀，毋使恁呢啊（不用這麼樣啊）！」於是，主動去向村子裡的碾米廠請託，下一季一甲多地六千斤穀子的收成全歸米廠，現金先預支出來用；李秀雲用這還沒長出的穀子換來的六千元，買下生平第一台照相機 Minolta SR-1，這是 1964 年的 4 月，李秀雲 45 歲。

李秀雲感激妻子的體恤，也珍惜這得來不易的相機，從此隨身帶在公事包裡，上下班或出差途中，只要時間允許，總是停下機車捕

▲ 1960 年代，李秀雲為正在拜天公捻香的妻子徐榮娣，留下溫柔的身影。

◀ 1968 年，李秀雲全家福，後排右起：國禎、國英、國男、玉英，應該是過年期間，伙房的門簾和門簾頭，簇然一新。

▲▲ 1965 年，李秀雲騎 Honda 機車準備上班，公事包裡珍藏著相機，遇到喜歡的畫面，就停下來拍。（李秀雲家屬提供，古秀如翻拍）

▲ 2011 年，李秀雲長子李國男騎機車拜訪父親的老友和攝影前輩張達銘，當年因為他，李秀雲得以進入寫實攝影的新境界。（古秀如攝，2011）

▶ 1960 年代，李秀雲（後排右 4）和「單鏡頭攝影俱樂部」會友外拍時紀念照。（李秀雲家屬提供，古秀如翻拍）

捉畫面，這 Minolta 加上 Honda，展開了他中年才起步的攝影之路。

這期間，除了平日的農村和家庭紀錄，李秀雲也開始在假日到各地尋找題材，並自己嘗試買藥水沖洗，但由於無法達到百分之百的成功率而放棄，仍得依賴相館沖洗。而就在潮洲相館，他結識了擔任國小老師的攝影和暗房先輩張達銘，透過他，又認識了劉安明、李安東、林慶雲、謝德正、曾昭雄、吳吉川、許德全等十幾位攝影好友，其中，劉安明與他亦師亦友，啟發和影響最多。

1965 年，這群同好成立了「單鏡頭攝影俱樂部」，在沙龍和女模當道的攝影風潮裡，特立獨行地以寫實主義風格為追求目標，並開始舉辦每月一次的攝影活動。嫻熟暗房的張達銘還記得，當時「影齡」最淺的李秀雲非常熱衷，嚷嚷一個月外拍一次太少，要一週一次才過癮。而且李秀雲常在下班回家途中，拿膠卷到他家放著，張達銘教六年級，為學生補習時常晚歸，卻總是記得要先沖洗底片吊掛起來才能睡覺，因為，隔天早上李秀雲一定會先來看過底片才安心去上班。

單鏡頭　受益多

一個月一次的外拍由同好輪流安排，藉團體外拍機會，李秀雲到了很多自己一人騎機車不會去到的地方。外拍之餘，還有固定聚會討論作品，每個人提供三到四張六吋黑白照片，並另有幻燈片組，劉安明說，不知情的人經過，會以為他們在吵架，因為大家都很投入，不留情面地做出批評，你來我往，大聲小聲，激昂高亢地互相爭辯著。

這些單鏡頭的同好，在寫實的大範疇裡，如此你一言我一語地丟出各種技術和觀念，無形中帶領李秀雲從初學走向進階，加上不間斷的拍攝、評比、修正以及閱讀日本攝影雜誌，他在短時間內突飛猛進，從隨俗拍攝模特兒，很快的意識到必須明確樹立取材方向，創建自己獨特的影像風格。

這群同好中，就數劉安明攝影資歷最深，他同時也是每次做評論總結的重要指導人物，對於單鏡頭的寫實走向，劉安明很明確且自豪地說：當時在例會裡，沙龍照會被他丟到垃圾桶，他認為那是「無採錢」（浪費錢），即使有人為了辦展覽請他放大沙龍照片，他也會直接拒絕，不賺這個錢。積極倡議寫實路線的劉安明，個性豪爽、直言不畏，他自承是受到台北張士賢、高雄蔡高明的啟發，在此之前，他也曾「傻傻的」拍了很短期的沙龍風格，直到看見蔡高明拿來的日本攝影雜誌，徹底改變他的攝影觀。

同中有異　良師益友

在創作題材和表現風格上，李秀雲生前曾多次透露受劉安明影響最深，甚至是因看到他的作品而改變攝影思路，他們經常在看完一些攝影展出來後，異口同聲搖頭說：「沒意

▲ 1976 年，單鏡頭會友在李秀雲家吃點心，大家在禾埕上或蹲或坐吃將起來，攝影人果然豪邁。（李秀雲家屬提供，古秀如翻拍）

▶▲ 1960 年代美濃菸田，李秀雲拍下了菸葉採收後挑菸葉的珍貴畫面。（李秀雲家屬提供，古秀如翻拍）

▶▶ 棒球一直是風靡六堆的運動，至今未歇，1960-70 年代，竹田鄉運的棒球賽，吸引老少圍觀。（李秀雲家屬提供，古秀如翻拍）

▶▼台灣郵差送信使命必達，是出了名的，走遍六堆農村田野的李秀雲，也記錄了 1960 年代郵差脫下長褲、扛著腳踏車渡林邊溪的溫馨畫面。

思！」但兩人在各方面卻有那麼多的不同：

劉安明自稱是臉皮厚但有「獵眼」的「土匪」，因為拍照時「沒有土匪的氣魄拍不到東西」，他說自己喜歡逼近人拍，不僅常用 28mm 廣角鏡在逼近人，連用標準鏡、望遠鏡都還是喜歡逼近人，有一次，拍正在誦經的師父，鏡頭幾乎是貼到他臉上了，眼看著師父已經氣炸變臉，他還是不理會，一貫很土匪地繼續拍，因為不這樣「不逼真、沒有張力」。訪談劉安明時，高齡 83 歲的他提到，今年（2011 年）去拍某國小校慶時自行進入運動場內，即使已經聽到廣播請他這位老阿伯離開，他仍依然故我忘情繼續拍。

劉安明說，李秀雲不走這套，他很客氣，不敢靠近人，不太敢用寬一點點的廣角，但是李秀雲卻是當時單鏡頭裡他認為最優秀的作者。劉安明以快狠準的動感速寫紀實見長，李秀雲卻是如詩般雋永又自然，劉安明盛讚李秀雲是「作者」，不是在拍「雜菜物」，因為他對客家農村、人物的系列題材進行長時間紀錄，且很自覺的建立起自我的影像風格。

詩心詩影　風格獨具

李秀雲的選材，以熟悉的農村環境為主，舉凡農村中的景物、田事、建築、節慶、庶民，悉皆入影。面對平凡題材，手法上不做時代交錯或對立面的處理，也沒有對現實的揶揄憤慨或嘲諷不滿，他擅用小廣角、標準鏡、小望遠，在逆光的偏好和構圖經營下，散發出從容雋永的濃厚詩意，明明是碌碌的勞動人間，卻往往被他拍得平淡素樸，形神皆淨。

或許是因為年代，或許是因為農村的本質，李秀雲的作品常展現舒緩的節奏和氣度，不慌不忙，不亢不卑，大地和人皆篤實安然，自在恬適。這些影像是如此平靜平和，美得一不小心就幾乎要讓人忘了這些勞動其實是多麼辛苦累人。

李秀雲用穀子換來的相機，終究做了最適切的反饋，回過頭來拍跟穀子相黏的人與地。田頭田尾的勞動身軀，彷彿融進大地的畫布；伙房的老少，皆是如此溫馨；而這些對人對土地的深切注目和顯影，或可說，是一種以藝術轉換的尊敬與禮讚。

劉安明這樣形容李秀雲：「人古意（老實），相片也古意，真有內涵，真耐看，愈看愈有味。」他用閩南語說了一句雅言：「物屬人形」，指李秀雲「作品平穩，不毛躁，跟他的個性一模一樣」，隨即又補充了一句「有內涵，有修養，不會歕雞胿（吹牛）」，很精準的點出了李秀雲人與作品的樸直平實。

1970 年代末，彩色負片和沖印慢慢出現，李秀雲對工業化下鄉村的急劇變化感到心焦，於是開始用彩色負片把六堆客家的敬字亭、土地公、古建築、廟宇等所有帶有歷史意義的文化地景，全部再拍一遍。這些作品陸續發表在《人間》雜誌、《客家》雜誌、《六堆》雜誌裡。但私底下他還是偏好早期的黑白作品，他認為那「較有味道和深度」。

回首吾鄉　驚豔各界

除了單鏡頭俱樂部，李秀雲還參加了台灣省攝影協會和台糖攝影社等，期間幾度獲獎或

參展。直到 1995 年，李秀雲高齡 77 歲，裕隆公司舉辦第四屆文藝季邀他展覽，並將其作品印製為精美年曆和海報廣為發散，引發各界好奇和讚嘆；之後集結精華作品的第一本攝影集《吾鄉》和展覽初登場，獲得極其熱烈的回響，初版一千本很快被索取一空，隔年馬上再版。此後全台各地的客家文化活動開始大量邀請李秀雲參展，但這時，他已經是 78 歲、在家養蘭怡情弄孫的老人家了。

《吾鄉》的出現，跟劉安明有極深淵源，劉安明有次去李秀雲家，李秀雲拿出一堆底片給他看，他看了大吃一驚，說了一句話：「這麼好的作品，怎麼都不發表？」就把底片抱回去，幫他洗了小張照片，拿去找屏東縣文化中心蔡東源主任，就這樣催生出李秀雲第一本也是唯一一本攝影集和攝影展《吾鄉》。

而這本影像故事書即是在劉安明的選片基礎上，進一步延伸了影像和文字的範疇，時間上以李秀雲自 1964 年開始學習攝影，到 1970 年間的早期黑白創作影像為主，內容仍以六堆農家生活，及六堆鄰近地區的閩南庄和原住民部落為主題，可說是整個大屏東地區的影像素描，以下面四個篇章呈現：「田頭地尾」收錄機械化前田地或河濱的各式耕作身影；「伙房大細」看見農村合院中老少婦孺的常民生活；「庄頭庄尾」呈現六堆各庄頭的日常活動與歲時節令；「隔壁鄰舍」則重返原汁原味的迎王祭儀與部落舊貌。

訪談中，劉安明和李國男不斷提醒：今日我們認為這些作品非常珍貴，是因為已經時隔三、四十年以上，且社會歷經了重大變遷；

在當年，以寫實手法拍攝這些農村生活，在一般人看來是完全沒有價值的，在攝影展也很難被正視，因為光復後到解嚴前的政治環境封閉，甚難允許這樣的影像公然曝光，當局認為這是「表現台灣的落後」非常不妥，劉安明就曾因拍了一張六龜偏遠部落流鼻涕穿破衣的小孩於台北參展，當場被撤下，並遭情治單位約談。如此便不難理解，李秀雲的作品何以到了解嚴後本土意識抬頭的年代，才受正視，這要感激他收藏物品的完整與細心，一切作品完好無缺，靜待 30 年後的出土。

李秀雲在 2001 年以 83 歲高齡辭世，去世後，地方人有感於李秀雲作品對農村生活的豐沛紀錄，具有濃厚在地情感，也最能訴說竹田歷史，因此積極推動他作品的定點展覽，在行政院客家委員會主任委員羅文嘉巡視竹田時，鄉公所力陳紀念館成立之重要性，於是在客家委員會支持下，李秀雲攝影紀念館於竹田車站南側倉庫成立，是繼新竹鄧南光之後，台灣第二位以攝影家為主題的紀念館。

在紀念館開幕的前一天，李國男和兩位弟弟到李秀雲的墳前，焚香告訴父親說：「爸爸，您生前說過，攝影作品拍來不是放在抽屜和櫥櫃的，是要拿出來給大家看的，現在，您的願望即將實現，您應該會很高興吧？」

目前紀念館由長子李國男負責換展管理等事宜，身為慈濟人的李國男總結地說：「父親的作品裡有很多的感恩和懷念。」是的，農業社會的生活已杳遠，幸有李秀雲的影像，留住那個年代的勞動身軀和臉孔，留住那無數雋永動人的平凡片刻。

◀▲ 1996 年，在亦師亦友的攝影家劉安明推動下，李秀雲終於在 78 歲時舉辦了第一次攝影展「吾鄉」，這是李秀雲自己特地保存下來的攝影展邀請卡。（李秀雲家屬提供，古秀如翻拍）

◀李秀雲退休後於家中設置蘭園，晚年養蘭頗得其樂。（李秀雲家屬提供，古秀如翻拍）

▲ 1996 年，單鏡頭會友在李秀雲家中相聚，老友張達銘無意間拍下的這張照片，很傳神的記錄了李秀雲的和煦模樣。（張達銘攝，李秀雲家屬提供）

田頭
地尾

1960 年代，紡織品開始超過糖成為台灣最大出口品項；工業生產年平均增長率近百分之二十，整個國家卯足了勁，扶植工業，發展出口。

當工業經濟即將取代農業，此時的屏東平原是什麼樣貌？人們如何在田地裡掙出糧食掙出希望？

山雨欲來前的田頭地尾，依舊人聲雜遝，稻作、甘蔗、西瓜、香蕉、豆子、番薯，不論是糧食或經濟作物，在汗水的澆灌下，仍如常輪番上陣，但再過不了多久，大型機器、農藥、化肥即將進場，既驅逐又填補了年輕勞動力，再接下來，只需低度照顧的檳榔林，徹底改變這片平原的百年地貌。

李秀雲記錄了社會形態驟變前的田庄：男男女女、一家老小都在田地裡，平靜的彷彿日子會如此這般的永遠過下去。

打田

霧氣微量的清晨，農夫打赤腳扛牛犁走在泥路上，犁的一端掛著牛軛，一條長長的牛繩繞了幾圈後延伸到畫面左邊，肯定是一頭牛走在前方，只是沒有入鏡，農夫右手拿著牛鞭，牛和牛主人要上工犁田了。

犁田是稻田整地的第一個步驟，把下層土壤翻出、表土的上一季禾頭（稻稈頭）和綠肥翻入，讓養分隨翻鬆而攪動。犁田要有相當的技術，犁柄拿得愈直，犁出的深度愈深，但如果碰到土壤太厚太扎實，牛會拖不動；犁柄拿得太斜，則只能翻一層薄薄的土。因此，手的力道和角度都要拿捏得好，隨時調整。另外，犁也用在西瓜、番薯、甘蔗田的翻土開溝播種前作業，客家話叫「槓（gong55）行」，即橫向劃行，溫馴的牛依照主人的指揮，將地整出一行一行筆直的播種溝。

通常，整坵田土翻鬆後，便引圳水泡軟翻出來的田土，然後進行第二個步驟「踏割耙」。操作時，農人站在割耙上，讓碎土用的齒狀刀片入土更深，不需使力，完全靠牛拖拉將泥塊耙碎，俗諺「犁田毋當踏割耙，討姐仔毋當河洛嫲」就是說犁田辛苦，不如踏割耙輕鬆，老婆娶來要負責任，不如交個情婦沒負擔。看照片上踏割耙的農人一派輕鬆，就不難理解了。

割耙算是粗耙，所以還需要把泥土切得更細碎的第三個步驟，這時用「手耙」，因手把與下排利刃像個「而」字，又叫「而字耙」。照片上的耙齒前橫置一塊木板，有耙平作用，減省接下來的「碌碡」工作（碌碡可以把碎泥絞成爛泥、同時把禾頭和雜草壓埋入土裡），最後再用盪棍（見下篇）掃平整塊水田。

在耕耘機早已普遍的今天，很難想像以前整地要用到這麼多農具，農人在田裡使用它們，然後細心妥善地存放在家裡，絕不會任其吹風淋雨，以免壞了還要花錢修理。李秀雲鏡頭下的農夫可能想都沒想到，有一天這些農具竟被當柴火燒或破銅爛鐵賣了，僅留少數保存在文物館展示，述說從前的故事。

上：1960 年代屏東，農人趕早扛著牛犁牛軛，牽著牛往田裡走去
左下：踏割耙完全靠牛拖曳，農人不費半點力氣，還可以轉頭看是誰在拍照哩。
右下：經過犁田翻鬆土壤、割耙初步碎土之後，手耙上場了，可以細部碎土並且有耙平作用。

打盪棍

1966
屏東竹田

盛夏六月，六堆平原一眼望去是一坵坵的水田，此時大夥兒正忙著準備耕種大冬禾（二期稻）。竹田履豐村的農夫張魁祥一手拉著繫在牛鼻上的牛繩，一手拉著牛尾巴以免重心失衡，雙腳踩在盪棍上，藉以加重推平的力道，一邊吆喝著「噢─噢─噢─」，驅使水牛奮力地往前走。這是育秧或插秧前整地的最後一道手續，把耙田鬆土後的溝路推平，客家話稱「打盪棍」或「掃盪棍」。

水稻的生長一定要有水，水多水少是一門學問，水太多，剛插下的秧苗會被淹死；水太少，秧苗則被太陽晒枯。因此，插秧前一定要把土地整平，不能有高低落差，水才能均勻分布在田間各個角落。所以打盪棍時，先看水的多寡，水多，表示該處地勢較低，農人就會把泥土從水少的高地往低處推去。

盪棍是用平直的竹篙製成，中段捆綁兩根竹條，相距大約牛軛的寬度。操作時，竹條以繩索與牛軛連結如畫面所見，透過牛力來牽引前進，農人則站在盪棍上，視田土多寡調整自己站立的位置及姿勢，有時不需推太多土，就下來不踩盪棍。

通常打盪棍都以向左邊盪平為主，比如盪到田的邊角或要均勻泥量的分布時，左手用力將牛繩往後一拉，牛便知道要左轉了，待牛繩一鬆，牛隻又繼續往前走。如果要右轉，就把右邊的牛繩往牛身連續輕打幾下，這些動作，牛都一清二楚的。

乖順而認命的老牛聽憑主人的使喚，拖曳著盪棍來來回回、一次又一次把田盪平，直到聽見農人長長的一聲「好──」才停止任務，喘口氣歇息歇息。此刻，一坵平整又美麗的水田，就等待蒔田師傅來插秧了。

上：1966 年竹田，牛兒使勁拉著踩在盪棍上的主人前進，整平田土。
下：主人左手捲拉牛繩，命令牛兒左轉，一邊專注的看著右側的田泥是否有推平。

掖穀種

1964-70
屏東

已經整好地的水田裡，農人左手拿著箶箕 1，右手從箶箕裡抓起一把穀種向田裡分散撒下，這在客家話稱「掖穀種 2」，也就是稻穀播種。以前，種稻樣樣都要自己來，播種育苗也不例外。

穀種的來源是前一年同期水稻預留的穀子，一期稻作就要用前一年一期稻作的種子，二期稻作的種子則留次年二期稻使用，老一輩的農人說，如果用不同期的種子就不會發芽。通常，整坵田進水口處的稻穀長得最「精」，也就是穀粒飽滿品質好，成熟後會另外割下，和其他穀子分開晒，保存起來作種。

第二年，農人依經驗看該育種的時候到了，便將儲存的穀種用麻袋包好，泡水浸溼後整包取出放在禾埕，並用較厚的麻布蓋上，促使裡頭悶熱發芽，大約兩三天的時間穀子就會萌芽了。有時一期稻育種期間，碰上寒冷天氣，還得三不五時用熱水澆在包著穀種的麻袋上，刺激發芽，以便準確掌握接下來育秧、蒔田（插秧）的時機。

暴芽 3 後的穀種，就如圖播撒在清澈的水田裡，水會流動，因此看哪裡的穀種較稀少就要再多撒一些。之後，白天必須浸於水中以防止麻雀啄食，臨暗 4 再排放田水，避免穀種長時間浸泡而爛掉。第二天清晨，又得比麻雀起得更早將圳水引入田裡，如此天天重複，直到穀種長成秧苗。

這期間，除了進水、放水呵護秧苗，農民一刻也沒閒著，一邊就在整地打田，為即將展開的這一季稻作辛勤地忙碌著。

1. 箶箕：盛裝雜物的竹器，形似畚箕，但編織較密，製作手工較細緻。
2. 掖（ie55）：撒；掖穀種：播種。
3. 暴芽：發芽，也可說「生芽」，暴，裂開之意，比如長新筍，稱「暴筍」。
4. 臨暗：指傍晚，即日頭下山前後；再晚一點到完全天黑為止，則是「斷烏」。

1960 年代屏東鄉間一處秧田，農人正在撒穀種，撒下的穀種在水面上激起了一圈圈小漣漪。

秧田

1964-70
屏東

這是專門培育水稻秧苗的田，稱「秧苗地」或「秧田」，通常是選擇避風而且排水良好的田坵角落來進行，和稻田一樣，要經過犁、耙、割耙、盪棍等整地作業，整好後將水放盡，第二天在約四尺左右寬度的泥面兩側挖溝，挖下的泥土往上堆放做為秧床，即照片上凸起的長條狀。當然，播穀種前還要再一次將秧床盪平以利秧苗均勻生長。

種一期稻時氣候寒冷，秧苗生長速度較慢，約需一個月才能「脫秧」，夏天播種的二期稻則一、二十天即可。秧苗全部移往田裡種植後，秧苗地再經整地種上番薯或豆子等短期作物，等下一期稻作時，又再一次播穀種育苗。

由於每戶人家耕作面積大小不同，同村或同家族的人會互相合作專在某些人的地育苗，沒有作秧田的人家會以蒔田、割禾的工來抵秧苗的量。位在美濃南隆農場開墾範圍內的手巾寮農婦張長妹說：「以前的人很合作，不會計較，秧苗多了會分給人家，工作互相幫忙，約定講過就好。」不僅勞力可以「交工」，連秧苗也可拿來換工呢！

1970 年左右，開始有專業的育苗場，但農民多認為可以自己育苗毋須花錢購買，因此不被接受。接著十年間，工業好像一個吸血鬼，把大量人力吸往工廠和都會，樣樣都要人力手工的農事開始機械化、分工化，於是，秧田逐漸退出農地，到了 1980 年代，育苗場一盤一盤的秧苗已取代傳統的育苗方式，秧苗也就不再能用工來換了。

上：1960 年代屏東鄉間，稻草人守護著一坵美麗平整的秧田。
下：秧苗長得差不多了，大家合力「脫秧」，之後再送到田裡插秧去。

傳統的南部脫秧法 一人拔秧，一人「捎秧尾」，捎（sau24），剪裁之意，捎秧尾就是切除秧尾，目的在脫秧後、插秧前減少根部水分蒸發，以及避免秧苗因葉子太長垂到水裡導致浸死。拔秧者先在腰際繫好禾稈，蹲在秧田裡拔起一把把秧苗，再用禾稈將數把秧苗綁成一捆，以免未包覆土壤的苗根因日晒而乾枯。捆好後，丟給一旁捎秧尾的人，他的工具是「秧尾刀」（秧鐮），嵌在約腹部高的竹子上，刀刃面朝外，作業時，以腹肚抵著竹子，雙手各握住秧苗根部與尾端，往刀刃處下壓，切除秧尾，然後把秧苗放置一旁，秧尾則扔進麻布袋；緊接著另一人將秧苗往田裡送，蒔田去了，而秧尾也不浪費，拿回家餵鵝鴨。如此一貫作業，各有各的分工。

蒔田

1968、1969
屏東竹田、高雄美濃

田地經過翻攪、碾碎、盪平，農人就準備蒔田（插秧）了。蒔田的秧苗間距要整齊劃一，才能讓後續的補禾頭[1]、踔田、拔稗、割禾等快速有效率，因此蒔田的人常被尊稱為「師傅」。

早期蒔田班總有一個農人功夫特別了得，「掁禾掀[2]」時，憑眼力和經驗就可拉出筆直的線。日本時代，引進了車輪式正條密植器，客語稱「輾（zan55）輪仔」，這是用輪式器具在田裡畫出棋盤式線條，把秧插在十字上。而插秧時，通常三、四株秧苗作一叢垂直插進田裡，有的人習慣將秧苗斜插，就像種甘蔗一樣，這種秧苗叫「蔗仔禾」。

78歲的老農一看照片便說：「這是北部蒔田的方式，我們南部不是這樣。」北部叫「蒔沾（dem24）仔」，因氣候較冷，秧苗長得慢，育成後連土鏟起放入「秧披仔」（秧籃），再用秧架仔（秧擔）挑到田埂上，蒔田師傅用臉盆或木製秧盆裝秧苗，插完再取。李國男推測，這是中北部下來的蒔田班，李秀雲覺得新鮮，就拍了下來。

南部則稱「蒔脫仔」，天氣熱，秧苗生長快，育好後「脫秧」，連根拔起秧苗束成捆並切除尾葉，再裝入秧疊仔（秧擔）挑到田裡，由挑秧人站在田埂上拋擲給蒔田師傅，說也厲害，蒔田師傅手中秧苗一插完，腳邊就會出現一捆新的秧苗。

「這樣整天彎腰，不痠嗎？」我問。「怎麼不會！我十六、七歲時第一次蒔田，蒔完，躺在田脣（邊）滾來滾去！」老農記憶猶新地說。

插一分田的秧苗約需一個人力一天的時間，和割禾、拔豆子一樣，非常需要腰力來支撐整個身軀。農業機械化之後，插秧機取代了蒔田師傅，農人們從彎著腰的肢體解放出來，但同時，農具扔了，蒔田的好功夫失傳了，田坵事的用語也漸漸地被遺忘了。

1. 補禾頭：補秧，秧苗若長不好或枯死，就需補種。
2. 掁：拉。蒔田是從左至右種下五叢秧苗，再後退由右至左種五叢，一次種五叢為一路，稱「一掀」。掁禾掀，就是要插出一路一路整齊的秧苗線，讓左右兩邊的農人依循。

上：1968年竹田，農婦彎腰插下一叢叢青綠的秧苗，為水田換上新裝。
下：1969年，美濃山下正在插秧的農婦，後方田裡一根根直立的是摘完葉子的菸葉梗。

踔田

1969
屏東竹田

八名正在「踔（cog2）田」的婦女頭戴斗笠，布巾包住臉龐，身穿工作服，右手持竹杖，左手撐傘或叉腰，低頭看自己踩在水田的雙腳，眾人位置前後錯落，略呈圓弧狀，畫面飽滿緊湊，呈現出張力十足又姿態優雅的勞動影像。

踔田是六堆客家特殊的除草方式，大約在插秧後一、二十天進行第一次除草，人數多寡依田地大小而定，一分田大概二、三人花一個上午即可完成，是田事中難得較輕鬆的工作，多半由婦女來做。

從畫面可以看到，婦女捲起褲管，赤腳踩進水田，一腳站直不動，另一腳以畫圓的方式跨過秧苗把草收在腳底，再將草沒入水中，塞進泥濘的土裡，然後再換另一腳，雙腳輪流進行。右手拿著竹杖「踔田棍仔」是為了平衡身軀，左手插在腰際或背在身後，有的則撐傘遮陽，當家裡沒有人手，又須照顧嬰兒時，就將嬰兒揹著工作。

踔田最惱人的是水蛭，常吸附在腳上，等發現時，不知已被吸食多少血了。踔田必須進行二、三次，直到稻禾長到及膝高，被覆整個水田，一般草籽見不到陽光便不再生長，剩下長得像稻禾的稗仔等雜草。等稻禾長穗了，婦女就進行最後一次除草──拔稗仔。

另一種除草方式為「挲草」，跪在田裡，用雙手將草拔起再塞進土裡，較常見於閩南地區。俗諺「踔田三頭禾，挲草五頭禾」，是說踔田可除三行的雜草，挲草則為五行，日本時代為求工作效率，曾要求客家人改用挲草，但因為褲管要捲至大腿，膝蓋以下的雙腳和雙手都浸泡在水裡，冬天凍得直打哆嗦，最後還是維持踔田較習慣。

後來，有農藥可用，除草粒劑一撒，田間長不出一株雜草，婦女們更輕鬆了，只是，被釋放出來的勞動力，在時代的轉變下，又一個一個成為女工，附著在都會的廠房裡，造就台灣經濟發展的奇蹟，從此遠離田野泥地。

上：1969 年竹田，農婦手持踔田棍仔在田間以腳除草。
下：農婦三人一組背對背除草，一手叉腰一手持棍、一腳站直一腳搓壓雜草，在李秀雲的巧妙構圖下，好像在跳舞。

細人
渡嬰兒

1965
屏東新埤

一望無際的田野中，獨坐一個小孩搖晃槓仔1（搖籃），他專注地盯著搖籃裡的嬰兒，雙手緊緊握住繫著搖籃的繩把，不時來回拉動，讓嬰兒在左右平穩擺動的布包裡沉睡著。

農忙時期，男男女女都得到田裡幹活，婦女們無暇照顧家裡的嬰幼兒，經常一條背帶揹著嬰兒下田，或乾脆就把搖籃搬到田裡，搖籃架用竹子做成，嬰兒睡在布袋或大布巾包成的睡床裡，緊密得像在母親的子宮般，安穩而舒適。搖籃邊繫著一把雨傘遮陽，大人們則在不遠處各忙各的事，若聽見嬰兒響亮的哭聲，母親就會放下手邊的工作前來餵奶，餵完，再趕緊回田裡繼續忙。

照片上的小嬰兒，由一個看來只有兩三歲的小孩照顧，這個年齡的孩子自己都還需大人照顧，卻已要負責看顧比自己更小的小小孩，這在客語也稱「細人渡嬰孲仔2」，是農村時代很常見的情景，畫面雖看似可愛，卻不免令人感到心疼與不捨。李秀雲在同一場景、不同角度和時刻，拍到小孩時而四處張望，時而打哈欠，時而低頭看腳邊，但就是沒離開座位，手上的繩索也沒鬆過，十分盡責。

拿這幅照片問曾經經歷農村年代的婦女：「不擔心小孩嗎？」婦女看來一點都不心疼但又有些無奈地說：「不會，大家都這樣，我們就在旁邊耕田，看得到，細人仔蓋乖，大人愛做事，愛做來食。3」

在那個物質匱乏的年代，人們從小就被教育如何分憂解勞，如何共同扶持，正因如此，生命，才得以延續吧！

1. 晃槓仔（gong11 gong55 e31）：本指鞦韆，在南客也指搖籃。
2. 細人：小孩子；嬰孲仔（o24 nga55 e31）：嬰兒；渡：照顧，比如渡細人、渡孫、渡子歌。
3. 蓋：很、非常；蓋乖：很乖。愛：要，做事、做來食，都是謀生的意思。

上、下：1965 年，李秀雲在上班途中，於新埤田邊見到小男孩照顧搖籃裡小嬰兒的情景，停下車來捕捉到了這些可愛的畫面，即使累到打呵欠，小哥哥都不離工作崗位，手裡始終拉動搖籃。

田垻過餐

1964
屏東竹田

「喀擦！」架在腳架上的相機迅速拍下李秀雲和妻子徐榮娣、長子國男在田間吃午餐的景象：李秀雲坐在擔竿（扁擔）上，國男蹲著，徐榮娣頭上的斗笠包著布巾，身體被國男擋住了。

時值溫暖如春的冬日，正是黃豆收成的季節，為了趕緊完成田間事，徐榮娣暫時放下工作，回家把飯菜準備好帶來。正午時分，畚箕、篩箕、手套先擺一旁，拿毛籃[1]倒蓋當餐桌，沒有樹蔭或雨傘遮陽，大家頂著烈日在田裡吃飯，畫面前方還晒著一片攤在網子上的黃豆。

農作裡頭，蒔田、割禾、挍稈、堆稈棚、拔豆、打豆仔這些最需要人手，且要搶在一天內完成，除非是換工或找工班[2]，頭家一定準備午餐讓大家在田裡食用，省去往返家裡與田間的時間。吃完連闔眼休息也沒有就繼續工作，農人習慣稱這頓飯為「在田垻過餐」。

照片裡的李國男當時念屏東農專，黃豆收成時剛好放寒假，他說當時家裡耕兩甲地，平日父親上班，孩子們上學，田裡的事多由母親打理，下班、放學後以及假日，父親和他一定得到田裡幫忙，弟妹念書很少下田，四個兄弟姊妹中就他做最多，每一樣農事他都做過，他笑笑地搖頭說：「做驚了！[3]」

或許是因為李秀雲親身參與過農務，經歷過時代的巨變和勞動的艱辛，深刻體驗農人的心情和得來不易的生活物資，在他的鏡頭下，每一張勞動農民的畫面，總是充滿著張力、樸實、奮力與天地搏鬥卻又沉重的身影。

1. 毛籃：口徑和畚箕一般大小的竹編容器，但深度較深，用來吹穀尾、打穀串、吹豆用。治喪時，一般較遵守古禮的喪家，為表示對往生者的敬意，子女們不能如常在餐桌上吃飯，只能坐在地板上，拿毛籃倒蓋當餐桌，除非有長輩招喚才能起身。
2. 換工：農家輪流互相分攤農事的勞力交換方式；工班：工頭和固定班底的農工。
3. 驚：怕；做驚了：做怕了。

1964 年竹田黃豆採收季節，李秀雲和長男、妻子忙活，連午餐也在田裡簡單解決。

割禾時節

1964-70
屏東竹田

成熟的稻田裡，割禾工正快速地進行收割作業。割禾工男女都有，婦女穿長褲、袖套、戴斗笠外再裹頭巾，全身包得密不通風；男性的話，就像照片所見，短袖短褲，只戴斗笠，頂多加個袖套。只見大伙兒彎著腰快速又準確地往前割稻，這是稻作中最忙碌的時刻，也讓李秀雲的鏡頭留下為數眾多的攝影作品。

這是割稻完全靠手工的年代，割禾工右手拿禾鐮，左手一把抓起稻束，位置離地面約 20 公分左右，平整地割下，只留一截禾頭，禾把就順手往右邊疊放。可別小看這個動作，如果割得長短不一，打穀的人就辛苦了，得花加倍的時間和力氣，割禾工一定被罵到臭頭。

割禾班的編制，一般是四個人割稻，後頭則有一組至少六個人緊接著進行打穀作業，有的忙著脫穗、有的忙著收取割下的禾把，打穀的桴桶滿了，就裝袋扛走……，如此，一坵田割完換另一坵，是相當高密度的勞動。透過李秀雲的鏡頭，我們重返了 1960 年代農業機械化以前的割禾時節，看見了一整季的辛苦，看見了汗水。

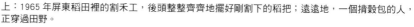

上：1965 年屏東稻田裡的割禾工，後頭整整齊齊地擺好剛割下的稻把；遠遠地，一個揹穀包的人，正穿過田野。

下：彎著腰，一手持鐮刀、一手抓取稻束，割禾工飛快地一路往前割，動態的取景，似乎讓人聽見了「刷刷刷」的聲響。

1. 難得休息片刻，大伙兒把斗笠拿下放在脫完穀的禾稈上，讓流了滿頭汗的臉頰吹吹風透透氣，往錫桶舀水大口的喝，和伙伴聊聊天，中間這位乾脆取一束禾稈當椅墊坐下，這短暫的歇息，客家話叫「轉擺」。遠近所見一捆捆的禾稈，晒乾後就可以堆稈棚，留做整年牛的飼料和各種生活上所需。

2. 割禾班的人力多、勞動力高、體力消耗大，食量也驚人。割禾那天，割禾工清晨四、五點就上工，主人家來不及那麼早幫他們準備早餐，是稍後才像這張照片所拍到的，由女主人煮好揹到田裡。除了早餐，主人還要準備午餐和上下午的點心，甚至晚餐。

3. 兩名割禾女工手裡拿著彎彎的禾鐮，手挽手站在收割後的大片禾頭上，全身除了臉和手，都包得密實好遮陽。左後方遠遠的田裡，隱約可見載運穀包的牛車。

1

2

3

4. 割禾女工快速的割著，一束束剛割下來的稻把，整齊有序的擺著，以方便後續打穀作業，後方鄰接的那一坵田已收割完畢，連稈棚也堆好了呢。

5. 農人把打好的穀子裝袋，左邊這位先把稻葉、禾稈等雜物分離，再將穀粒從桶內撈出裝入箄箕，客家話稱「搵（vut2）穀」，再倒入右邊「框（kiong11）布袋」人手中的麻布袋，裝穀子也要熟練，生手裝得不夠扎實，看起來裝滿了，可是往往秤起來就少了一、二十斤哩。

6. 割禾班正在打穀，機器桶的鐵齒，清晰可見。前面兩位農婦，正朝滾動中的機器桶，翻轉手中的稻束，漸漸往下翻轉，直到整把稻束的穀粒脫完為止，這個打穀的動作客家話稱為「硤（kiap5）穀」，由在桴桶前的四人分兩組輪流操作，桴桶前方彎腰者是在清理桶中禾葉或穀串，最右方男工則正在紮稈。

打穀的方法 最原始的稻穀脫穗方式是把稻束往石頭用力摔打，日本時代，普遍使用大橢圓形的木桶，裡頭放橫竹條板，摔打後脫落的穀粒掉進桶裡，桶子上方圍起三面網子或竹篾片，以免打穀時穀粒彈跳出去，這都是純手工的脫穀法。

後來，桶子改用較省力的「桴桶」，是個長約四尺、寬約三尺的木箱，桶內裝置了長圓形的打穀筒，筒上鑲著一排一排三角狀的鐵齒，有如齒輪。紗網開口處進行打穀作業的木箱下方，連結一個踏板，腳踩踏板，即可帶動打穀筒迴轉，邊踩邊把稻束放在筒上脫粒。李秀雲鏡頭下的桴桶，也有側邊裝了小型馬達的，不用腳踩，更省力更有效率。

7. 割禾班不分男女大家在爛泥裡拖著桴桶走，四個在前頭拉，後頭也用力推，只是鏡頭沒帶到，大家拚命費盡全身所有的力氣也要拖著走，人如牛啊！

8. 割禾班要到下一處繼續打穀，桴桶用繩子吊掛起來，串在竹竿上扛著走，為了方便扛，其中一片網子也拆了下來，其他人就負責拿箄箕、穀篩、布袋、桶子等用具，從桴桶左邊的引擎推測，這打穀機是吃油的，所以右方農婦提著的應該就是汽油桶了。

8

7

捔桴桶　早年屏東平原地下水位高，很多田地整年從頭到尾都是爛泥巴，耕作起來特別辛苦。收割前，割禾班工頭會事先來勘查，對於這種田，都會要求增加工人或工資，因為桴桶沒有輪子，移動都要靠人力，爛泥裡不好扛，得大家一起拖，耗時又耗力。即使比較乾爽的田地，收割若遇到連日下雨或颱風後，也是只能像牛一般的拖桴桶了。

9

10

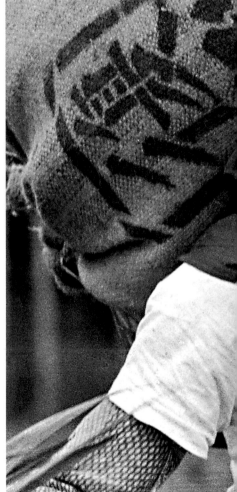

9. 兩名農婦把晒穀後摻有雜物的穀子用毛籃裝盛「吹穀尾」，鵝群在一旁忙著啄食吹出來淘汰的穀粒，大快朵頤。

10. 農家晒好穀後，用碾米廠的布袋把穀裝好，再由廠方派師傅來「鎖」布袋，即是為確保封口扎實、用長約 20 公分的布袋針以麻繩縫緊布袋口，縫好秤重另派工人扛上車，若碾米廠無法當日來載運，就要用篷布蓋著以免受潮。這種裝燥穀的袋子較大，中間標有一條藍帶所以稱「青邊袋」，青邊袋裝到滿，一包都有 90 公斤以上，即 150 至 160 斤，非常重，上肩時，旁邊通常要有兩人協助。

11. 這是在田裡剛收割、從桴桶裡裝袋的「田頭穀」，就是未晒的溼穀，農人得把它揹到田邊的牛車或貨車上，再運到晒穀場地。農人左手肘上戴著「鹹水草」（藺草）編的護套，是為了割稻和搬運時在布袖套外再加一層保護。溼穀因為通常要扛很遠，所以都裝比較輕，約 70 至 80 斤左右，封口則用禾稈綁紮。

吹穀尾 又叫做「搶穀」、「搶穀尾」，糧食得來不易，經過一季辛勤耕作的穀子可一點也不能浪費，因為光靠打穀，並沒有辦法完全將穀粒脫落，所以還要吹穀尾。在剛割完稻的田裡，用毛籃裝從桴桶撈出殘餘的禾稈稻葉，雙手取一把在胸前，稍微鬆手，讓風吹走較輕的碎葉、冇（pang55）穀（只有空殼的穀）、二含（ham11）仔（不飽滿的穀粒），溼的、有點重量的穀子就掉進毛籃裡，剩下較長的禾稈則丟棄一旁。晒穀時，竹掃把掃出來的雜物也一樣要「吹」，如果沒有風怎麼辦？農婦說，就等風來啊！晒乾後，還要再用風車「搶」一次，是最後一道吹穀尾作業。

晒穀

1960 年代
屏東

一袋袋從田裡運回的稻穀，第二天一大清早解開袋口的稈繩，全部倒在地面上，用盪耙（穀耙）耙平曝晒，同時用竹掃把將稻葉禾稈等雜物掃到一旁。為了讓每粒穀子均勻受熱，穀子要不斷地反覆堆攏、耙平，裝溼穀的麻布袋也攤在陽光下，晒乾後留做日後裝穀子用。

泥土碎石路的年代，晒穀都在自家禾埕進行，水泥價格高，一般農民買不起，禾埕整片是泥土，割禾季節前，先把泥地壓實，再用牛糞攪和泥漿鋪在上頭成為硬鋪面，晒穀子、豆子、芝麻、番薯簽、菜乾都在這裡，地不夠晒的會向大戶人家借用。經過一段時間，雨水溶解牛糞製的地面，禾埕回復成泥地，下回晒穀時，又再一次夯地。

晒穀最怕下雨，一下雨，就得趕緊用盪耙把穀子堆成金字塔型的圓錐狀，用禾稈一層一層由下往上覆疊，讓雨水從頂尖滑下不致沾溼穀子。遇到晴雨不定，收或不收都兩難，「針針雨」（梅雨）更令人苦惱，雨一下就十幾二十天，只能眼睜睜看穀子發芽，有些人家會想辦法利用炭火烘乾，稍微遏止發芽。這時穀價一片低落，沒人例外。

後來，馬路普遍鋪上柏油，對農家來說是一大福音，柏油蓄熱力高，在上頭晒穀很「烞（lad2）」（炙熱），一天就乾了，路過的行人、牛車、腳踏車，也一定會避開穀子，人人珍惜這些得來不易的糧食。

穀子有沒有乾，一咬便知道，乾穀咬下「喀擦」一聲脆響馬上裂成兩半，若還溼潤，咬起來有韌性也沒聲響。而且，溼穀耙梳無聲，晒乾了的穀子輕，耙起來就「刷刷刷」響，聲音越大穀子越乾。

晒好的穀子用簹箕裝了倒進「穀貯仔」，就是穀倉，要吃米時再裝進麻布袋送到碾米廠。或是直接裝袋繳租，有剩才留下自家吃。李秀雲的二媳婦說，在馬路上晒的穀，碾過後的米粒仍夾雜著小石子，吃飯時經常咬到小石塊喀喀作響，不過大家也還照吃不誤。

這一代又一代的農民，從小到大、從大到老幾乎天天頂著烈日，用盡血汗換取穀粒，唐朝詩人李紳〈憫農詩〉的「誰知盤中飧，粒粒皆辛苦」念來輕鬆順口，卻是古今中外勞動農民最真實的寫照。

1960 年代屏東收割季節，鄉間小路的晒穀景致，農人忙著抓緊陽光露臉時耙穀曝晒。

挍稈

1965
屏東竹田

收割後的屏東平原一望無際，整個大地呈現一片黃橙色景象，農田上只見矮短的、乾燥的禾頭，不遠處已堆好一座稈棚（稻草堆），一名農婦挍（挑）著比自己個頭大得多的禾稈，整個天空彷彿也壓在她的肩膀上，她雙手抓住兩邊成團的禾稈，身體隨著步伐左右搖晃，快速地往前邁進，趕著在日落前把整坵禾稈挍完。

通常，晒乾的禾稈先集中堆置一旁，方便農婦挍稈堆稈棚，禾頭在一段時間後，經過牛犁，便攪和在泥裡當下一季的肥料了。此外，也會留一部分禾稈撒回田裡放火燒，禾頭也就跟著一起燒，一來可以除病蟲害，灰燼又可增加土壤的養分，提高地力；二來有的地接下來要種豆，禾頭沒燒過會再長出零零星星的二胎禾，結的穗小且不飽滿，無法收割，又影響豆子的生長，燒過之後難題自然解決。

農婦肩上這兩大捆堆疊綁好的禾稈，是要挑到堆稈棚的地方，如果農田離家較遠，稈棚又必須堆在自家附近的話，就得把禾稈挍到牛車上，讓牛一車一車拉回。因為擔心午後雷陣雨將禾稈淋溼，因此，挍稈通常都在早上完成，一次好幾個婦女同時進行。

農婦肩上的槓（gong55）仔，和擔竿（扁擔）一樣是竹子做成的肩挑器物，但形狀和用途可不同！擔竿是莿竹垂直對半剖開後呈半圓形的竹竿，富有彈性，兩頭是平的，並刻有齒痕以利吊掛，用來挑水、扛體積較小的重物。這槓仔是一根圓形的長枝竹，兩頭削尖，長度較擔竿長，挍稈時，兩邊尖頭穿進成堆的禾稈中。槓仔用來挑體積大而蓬鬆的作物，除禾稈外，如蔗葉、稻穀、番薯藤都用槓仔。稈棚堆高時，農民也是用槓仔將禾稈挑起往上扔給在稈棚上頭的人。

李秀雲鏡頭下挍稈的農婦，一次又一次、來來回回挍完整坵田的禾稈，農婦任勞任怨地以她剛毅的雙肩挍稈、挍水、揹小孩，也擔起一家大小溫飽的責任。

上：1965 年竹田，農婦一肩挑起龐大的稻草，左後方的田裡，還有好多捆稻草等著她。
下：收割後的田裡漫起了燒禾稈的濃煙，小男孩看著爸爸整理稻草堆。因煙霧會影響行車視線和空氣品質，政府禁止燃燒，1980 年之後漸漸看不到燒禾稈的景象了。

堆稈棚

1965
屏東竹田

臨暗，兩個農人正加緊速度堆稈棚，地上還有一捆捆的禾稈等著，但稈棚已經高過一個人的高度了，光靠臂力無法把禾稈往上丟，底下的農人便利用槓仔當成自己延伸的手臂，扔擲給上頭的人繼續堆疊。

要保存禾稈乾燥，又不能隨處置放占用空間，農人想出不需蓋屋子遮風避雨的方式來存放。堆稈棚需要相當的技術，堆得不好，雨水滲進，禾稈腐爛便無法使用。堆疊時若厚實度不平均，稈棚不但會坍塌，上頭的人也會跌下受傷，因此，通常由經驗老道的農民來做。

堆疊前，先以竹製的稈棚架子架在地面上，離地約 20 公分，避免雨水從底部浸溼。禾稈是從稈棚架上以繞圓形狀往上堆疊，要用禾稈時，也是先從底部繞環抽出。俗諺說「稈棚底下落骨頭」，狗兒銜一根骨頭後常躲在稈棚下慢慢獨自享受，因此當某人吃著一塊帶骨的肉，旁人開玩笑說這句話，就有點嘲笑他像隻狗的意味了。

如果禾稈多，便用一根竹子當中心位置，繞著竹子層層向上平均疊放。堆禾稈必須好幾個人合力完成，有人扛、有人擲、有人疊，要堆一座像畫面中這樣大的稈棚，往往需要一整天的時間，頭家會備妥晚餐，請辛苦一天的農人到家裡食夜（吃晚餐）。

「稈棚大、豬欄透糞缸、井頭透落缸」，這句諺語是講理想的出嫁對象。稈棚大，代表田地廣收穫多不愁吃穿。透，是相連之意，豬欄和廁所連在一起，表示有養豬，稻作以外還有不錯的收入來源。自家有井，屋外水井和廚房水缸相通，就不用辛苦挑水。若有這樣的人家，就趕快嫁過去吧，即使要辛苦堆稈棚也好，因為不用三餐吃番薯啊。

收割後的阡陌良田，冒出大大小小的稈棚，從稈棚的大小，人們很快地讀到這戶人家耕種的面積，也嗅出這個家族的大小和經濟狀況。堆稈棚，也堆出了農村的地景和社會樣態。

上：1965 年竹田，農人正在堆稈棚，天快黑了，中央的竹竿到頂部還有一大截，趕緊堆呀！
下：田裡頭大大小小的稈棚，有的高大結實，有的矮小鬆散。

挖井

1964-70
屏東新埤

農地裡，好幾個工人正在挖井，井圈上頭，一人用繩索把泥土一桶桶提出，一人接過來倒在斜板上，下頭幾個女工忙著接應收拾，看不見的井內，可是有挖井師傅在忙著呢！更早的年代，可沒有這麼大、這麼高的混凝土井圈，這口井應該是大面積農地或是台糖蔗田所用，一般家庭或聚落的水井直徑約一米左右，農田用的稍大些。

屏東農田灌溉的來源，包括圳水和地下井水，井水又分淺井和深井，鑿法不同，淺井為類似照片所見的寬口井，採挖掘法（深井見下篇）。挖井全靠人力，一組七、八個人工作三天左右。首先在預定地點先以直立的磚塊砌成圓形的井口，客家話稱「井圈仔」，高度相當於兩塊直立磚。隨著井內的泥土一鏟一鏟挖起，井圈仔逐漸下陷，到接近地平面時，在圈面上塗水泥漿，再把一旁已預先砌好的井圈抬放疊置使其密合，如此繼續下挖作業，井圈仔也就一圈一圈放置。

與此同時，井口以繩索吊掛錫桶，把挖起來的泥土一桶一桶吊上來。當挖到水源時，還必須再向下挖，這時要先把水抽出，以免井水過多淹沒了挖井師傅。挖井師傅會視水質、水量來判斷是不是已經大功告成，畫面裡頭戴斗笠的婦女正在左右兩邊輪番努力壓幫浦抽水。待完成離開井底前，在井裡鋪一層細碎石子，上面再加大顆的，以做為過濾水質的功能。挖井師傅上來後，眾人再以一片厚的、圓形的、中間留有洞口、與井口大小差不多的水泥板壓住井底，這樣之後打水才不會攪動水下的石頭。

再更早期，挖井時連井圈仔都沒有，就直接挖，挖出水源後，再取石塊從井底往上砌疊井壁。以前的地下水位高，很容易就挖出一口井。挖好的井，天天有人來彎腰打水，同時間多人取用，水自然容易見底，但很快地，雨水、灌溉水滲透成地下水補注水源，地底或井壁邊再度滲出水來，用之不竭，為了感念及保佑水井能源源不絕，有的村庄在一旁拜起「井頭伯公（土地公）」。近幾十年來，鑿井技術早已機械化，但石化工業、都市化與沿海養殖業大量超抽地下水，地下水位嚴重下降，即使水井未被鏟平填土，恐怕也打不到水了。

1960 年代屏東新埤農地挖井情景，大人正忙，揹著嬰兒的小女孩跟在一旁觀看。

打自來水

1966
屏東內埔

稻田裡怎麼升起了一張白帆？底下還有大輪子和許多人影？原來這是在鑿深井，只見一組人不斷踩踏、轉動大輪軸，一大塊遮陽用的白布，隨著日頭西移調整位置。深井，是指因地形關係從地底湧泉的井，又稱自流井；鑿深井，當地客家人稱「打自來水」，李秀雲長子李國男則很富想像力地說這是「田野上出現了摩天輪」。

自流井為衝擊式鑿法，首先把一片片長約五公尺、寬六公分、厚一公分的竹片以鐵環扣住，總長約 70 公尺，然後把竹片環繞在木造輪架上，竹片前端牢牢扣住一根特製的圓鐵管，鑿井師傅將鐵管對準選好的地點往下扎，並在井口操縱，其餘的人在輪架上用雙腳踩動輪桿，使木輪左右轉動，如此帶動鐵管上下運動，將泥土砂石帶上來，一上一下，井口也愈鑿愈深。鐵管也隨之由短換長。師傅依據鐵管從地底下帶上來的砂石顏色、顆粒大小，來判斷水源水量是否足夠，最後，把鐵管整枝拉起，換進一根根竹節已挖開打通、頭尾相接的竹管。

地下水的壓力會使泥漿從竹管裡噴出，稍微清理之後，水便自動湧出。日後，竹管長期浸泡在泥土與水中，三、五年便漸漸腐爛，泥土會把竹管塞住，水無法自然湧出，這口井的生命便結束了。

鑿一口井約需十人工作七到十天，打井工人只有晚上才回家休息，另外，井口泥土若變得乾燥僵硬，就無法繼續作業，因此旁邊會挖蓄水池，隨時維持土壤的溼度，晚上就要有人巡視有無足夠的水量。鑿井很耗體力，鑿井工人的食量相當大，所以主人家除了和打井師傅談好的價金外，還會多送幾斗米。師傅的姐仔（太太）就在工地一旁炊煮午餐和上下午點心，有些小孩放學途中看見覺得好玩有趣，也會爬到輪軸上跟著用力踩。

後來，柴油引擎取代人力，長竹片換成鋼索，塑膠管代替竹管，架木輪打自來水的情景，只留在老一輩村民的記憶和李秀雲的鏡頭中了。

1966 年內埔，工人正在鑿深井，上頭踩輪軸帶動鑽管起落下挖，下頭等著把抽出的泥土取下堆放。

挨尿桶

1970
屏東內埔

清晨，田間霧氣未散，空氣中瀰漫著沁涼的水氣，夏日的陽光來得特別早，村裡的青年已為他種植的菜園澆上最營養的肥料——全家人數日收集囤積的尿水，忙完，伴著自己迤邐瘦長的身影，肩上挑著空桶，不似來時滿桶水的沉重，輕鬆步行返家。

這個挨尿水澆菜的工作是農家的日常生活，一如吃飯睡覺這麼例行，再自然不過了。

在沒有生產、使用化學肥料的年代，作物所需的養分來自植物加工後的殘渣或動物的排泄物，譬如晒乾後的禾稈、碾米後產生的礱糠、製成麻油後的芝麻粕、豬牛羊雞的糞便……等等，在物質匱乏的年代，所有當今看似垃圾、汙穢骯髒的東西，卻是讓另一個生命成長的養分，人類的排洩物亦是。因此，收集堆放處理這些有機物成為平日工作中的一部分。

傳統農舍的廁所通常設置在房舍幾公尺外的豬欄邊，因此半夜想要如廁時，屋裡放置的尿桶就發揮它最大的功用，尤其冬天，不必跑出屋外遭受冷冽刺骨的寒風，可真是最方便的「方便」方式了。

有的人家每天清晨從房間裡取出尿桶，把尿集中在戶外或菜園的水缸裡，存放幾天讓它發酵後再加水稀釋，澆菜施肥。有些人家則等幾天後尿桶內的尿量多了再取出來，房內總是充滿尿騷味，但人們早已習慣這樣的味道。

裝尿的尿桶，也出現在早期婚嫁儀式中，新娘離開娘家前，特別請人將新尿桶拿到房裡，由新娘給過紅包，對著踢三下後才可出門，客語稱「做叩廟」，表示為往後的日子制煞除霉運，同時也庇佑因各種儀式而不方便如廁的這一天萬事順利。

相較於現代人直接將屎尿作化糞處理後排放，農村時代的人們對一草一物可珍惜呢！他們將骯髒汙穢的屎尿視為珍寶，充分利用，也不見有任何汙染或毒害，只要能用的，都回歸大地，滋養萬物，生生不息。

1970 年內埔的田間道路上，農夫一早就澆好菜園挑著空尿桶返家。

拉牛車

1964-70
屏東

牛車陷住了？還是在爬坡上不去呢？若倒退就糟了！只見牛和所有人同時使盡力氣拚命拉，好像要把牛車「救」出來一樣。許多老農看到這照片，非常熟悉且激動地說：「以前就是這樣！要靠一頭牛拉整車的石頭、甘蔗，或者高達兩千斤的穀包，遇到上坡或陷坑，是最緊急的時刻，附近人全會跑來幫忙，有人拉有人推，牛跟著口令節奏一起使力，真的很感激牠！」

牛要維持好的體力才能應付繁重的農事，主人通常都會很細心勤奮地照顧，孩子放學後要牽牛去外頭吃草「掌牛」，白天要割好草糧以備晚上餵食，每到傍晚，細心的主人會拿一把禾稈，點燃後在牛寮四周揮動，用煙燻驅趕蚊子，若是生性怕熱的水牛，每天都要帶到河裡或泥沼搵浴。

掌牛的時候都是一群人，牛吃草，孩子們就玩自己的，拿甘蔗花當炸彈火箭、灌蟋蟀鬥蟋蟀、釣蛤蟆、放風箏……，名堂可多著。掌牛最怕遇到牛發情，不是牛兒四處亂竄狂奔，無法控制，最後只能回家請大人去找回來；就是兩頭牛牯（公牛）互鬥，力道之大，根本沒有人可以將牠們分開，只能等牠們力氣耗盡，或把發情的母牛牽走。

牛對主人有奇特的感情，生病時如果遇到農忙，雖然拖不動也不會反抗或怠工，仍然拚了命向前拖，當主人依舊拿牛鞭揮打，牠敦厚的雙眼會掉下無助的淚來，滿是哀傷。

牛老了，沒體力工作，只能將牠賣了再買一隻小牛，主人的心情萬般無奈，因為老牛的生命即將在刀俎下結束，但不賣就沒現金可以買新牛，沒有壯牛就沒辦法耕作，一家子的生計也就無法維持。很多人把牛牽去牛墟賣了之後，徒步回家的路上一直哭，不捨牛付出十幾年的勞力，卻得到如此下場，儘管內心相當不願但又迫不得已啊！

在農業機械化之前，牛是不可或缺的勞動力，因而內化成生活與文化的一部分，老農的生命史，總少不了與牛深厚的感情和故事。

上：1960 年代屏東，眼看大黃牛快要拉不動牛車了，大家趕緊幫忙，三人在前頭拉，兩人在左右推。
下：黃牛在主人幫助下，低頭使勁拖起一車的乾草和兩名工人，因為用力，牛蹄蹶起了陣陣塵埃。

灌藥

1966
屏東潮州

牛兒生病了，著急的主人怎麼辦呢？可不能讓病情蔓延，傷了如此重要的勞動夥伴，於是，拉起牛鼻桊（鼻環），從嘴裡直接灌藥，希望牠快快好起來，陪伴主人繼續耕種。

要怎麼辨識牛兒是否生病了？健康的牛鼻子溼潤有水氣，若變得乾燥，經驗豐富的主人就知道出問題了，以前沒有西藥，就按照傳統餵童子尿，冬天用黑豆泡尿給牛吃，據說可幫助開胃，或把仙人掌搗碎取汁加水餵給牛喝。若牛倒草（反芻）嘴裡嘴角出現白沫，可能就是吃到有毒的東西了，餵黑糖水就可根治。而平時在牛寮裡，主人會放一盆加了少許鹽的水，牛只要耕作回來，舔舔鹽水便可幫助消化。

照片裡，灌食的器具是用竹筒做成，竹節當底部、前端則削成斜邊，往上拉起牛鼻桊，牛嘴自然張開，將裝了藥水的竹筒對準牛嘴，再傾斜竹筒讓藥水流入即可。農人左手拉的牛鼻桊，是控制牛最重要的關鍵。牛一開始長角，就要「桊鼻」，將雞油樹（紅色櫸木）的樹枝一頭削尖，在兩個鼻孔間穿洞後取一小截繩索貫穿。等傷口癒合，繩索取出換成鼻桊，並以兩條繩索綁住分別掛在兩邊牛角上，後頭再加一條牛繩，日後就靠這條牛繩來駛牛。牛鼻桊將一輩子掛在牛鼻上，早期為鐵製，因為會生鏽，後來改為銅製。

鼻洞穿得愈近鼻內的子骨（軟骨），牛繩一拉，牛立刻感覺到痛，便會接受指令，鼻洞若靠外頭，痛感較弱，牛就相對蠻皮。牛有個性，同村的人都知道每頭牛的性情，大人也會告誡小孩不要太接近有脾氣的牛，免得被鬥。大體來說，牛都非常順從，只有極少數較難控制，曾經飼養兩頭牛的新埤建功村民鍾昭勤說，牛比人好教，乖多了。

多數人家從牛販買來兩歲的牛「教駛」，教牠各種工作並辨識口令與動作。教法有兩種，一是主人在後拉牛繩、前頭一人牽著引導，一是若為自家母牛產下的小牛，便駕著讓牠跟在母牛旁邊照做。客家諺語「牛仔言桊鼻──毋知厲害」是說還沒繫上鼻桊的牛兒，不知這個東西的厲害──它可是會一輩子控制你的！

1966 年潮州，農人拉起牛鼻環，用竹筒餵藥給牛喝。

食穀串

1960 年代
屏東

「嗚──嘎嘎嘎嘎……嘎嘎嘎嘎……」上百隻鴨子爭相啄食田裡的稻穗，這下可能好好飽食一頓了，剛收割完的稻田是鴨子們的最愛，除了稻穀，田裡還有蚯蚓、小蟲，鴨子們樂翻天了。

早年養鴨人多飼養專產蛋卻不孵蛋的生卵鴨，番鴨或魯鴨較少。番鴨也叫紅面鴨，就是一般人冬天吃薑母鴨的品種；魯鴨又稱肉鴨或菜鴨，由公番鴨與母的生卵鴨配種而來，不具繁殖能力，是烤鴨、燻鴨的來源。但因為一般人買不起番鴨或魯鴨，飼養的人也少，而當生卵鴨不再具生蛋功能時，就被當肉鴨賣了。

照片中的養鴨人手持一枝鴨篙仔，站在一旁顧著鴨群，鴨子有白、土黃、黑不同顏色，新埤鄉知名的養鴨戶戴常山說，生卵鴨不會這麼乖的整群在一起，牠們會到處亂竄找尋食物，較野的甚至越過界去吃還沒收割的稻子，因此經常被田地的主人臭罵一頓。至於番鴨，因為行動較緩慢，不會趕出來覓食，所以這群鴨子應該是魯鴨。

不管是生卵鴨，還是番鴨、魯鴨，最後還是都進了人們的五臟廟，現今的養鴨場多為固定圈養，像這樣群鴨在田間覓食的景象，已經很少見了。

1960 年代屏東，鴨農領著鴨群在收割後的田裡覓食。

畜鴨人家

1970
屏東內埔

農人蹲坐田裡吃飯,在農忙季節算是常見的景象,但用兩根竹竿和塑膠布搭的簡單帳棚和鍋具,以及後方圈養的鴨群,透露出不尋常的訊息,原來他們是像遊牧民族一樣逐「稻田」而居的養鴨人。

在農村時代,養雞成本高,飼養蛋雞的很少,雞蛋買賣用「粒」來算,一般人要吃得靠自家母雞偶爾下的蛋,從文學家鍾理和短篇小說〈復活〉裡描述難得出現的一枚煎蛋,在彼此體諒的一家人飯碗中讓來讓去的情景,可以想見蛋有多稀少而珍貴,那個年代,人的營養都不足了,更何況是養的雞,哪來飼料給牠吃!

養鴨成本就低廉多了,因此鴨蛋普遍,而且或許是其腥味重,價格較低,買賣以斤論。南台灣稻米一年兩穫,養鴨人把鴨子趕到即將收割的稻田附近紮營、搭鴨寮,方圓幾公里內的稻田收割了,就趕鴨去吃掉下來的穀穗、蚯蚓和小蟲子。等到一天內可來回於田間和鴨寮路程的稻田都收割完了,就往下一處尚未割禾的田地移動,人們稱這種鴨為「流動鴨」。除了穀穗,河邊的小魚小蝦,也是天然又免錢,所以俗諺說最不需本錢的是「頭搶劫,二畜鴨」。

養鴨人通常就地取材撿拾竹子和蔗葉搭寮過夜,或找個大樹、竹叢下棲身,四周用竹竿和網子圍起簡易的柵欄,白天趕鴨覓食,夜晚回來休息,衣服裹住身體就直接睡在地上。如此一處換一處,在外生活兩個多月,等鴨子長大,可以開始生蛋了才回家。

養鴨人非常辛苦,一路趕鴨,一路還得打理生活,好一點的有家人幫忙補給食物、運送物品,不然就得像照片所見,帶著鍋碗瓢盆就地野炊,搭起簡便衣架晾衣的那張,後頭的稻田還沒收割呢!雖然是不同時間和地點拍攝,都可以看到養鴨人真是吃不好睡不好,只期待鴨子們快快長大,好天天撿拾鴨蛋來賣了換現金,圖個溫飽而已呀!

上:1970 年內埔,養鴨人在田裡搭起簡陋棚子用餐,後面的鴨群用網子圍起,得等主人吃飽才能放出去覓食。

左下:養鴨人逐田而居,洗衣、晒衣都只能在田邊完成。左下角捲立的是圍鴨的網子,右邊三個有蓋的竹編籃子是裝鴨用的,裡面還鋪了稻稈,最右側的竹竿立網就是圍養的簡易裝備。

右下:路邊草堆就是廚房,養鴨人的辛苦,可見一斑。

畜鴨仔

1968
屏東新埤

早期屏東平原的蛋鴨養殖是出了名的，鴨農多沿著高屏溪、林邊溪、大鵬灣等自然水域飼養，數量繁多且蛋黃紅潤、品質優異，著名的林邊林壁輝家族就是專以孵養幼鴨而發跡。

為了節省成本、尋覓免費的食物，鴨農在鴨子羽翼初豐之際，就帶著鴨群在收割後的稻田間四處流動，吃食殘存的稻粒，有時甚至遠征百里，等鴨子快要熟成才回巢，這就是俗稱的「流動鴨」。回家後的成鴨在接下來的一年裡會天天生蛋，「產能」很高，此時雖不再「流浪」，但主人還是會每天將鴨子趕往河邊覓食，或往附近田間吃食稻穀青草，傍晚再回鴨寮。鴨子有得吃有得玩，想必下的蛋健康無比。

傍晚趕鴨回寮的主人和軍隊長官一樣，例行要「點隻數」，三隻一數或五隻一數，說也奇怪，除了少數野性較強的會脫隊跑開外，鴨子都會排列進場，如同民間故事「鴨母王」裡的情節一樣，乖乖聽令。

1950 年代，屏東新埤昌隆村戴常山一家五兄弟飼養三千多隻蛋鴨，首開在河邊固定養鴨，不再出來流動，這稱為「困鴨」，各地養鴨人如法炮製在溪流邊圍起柵欄養鴨。戴常山說，在溪邊養鴨經常和人家吵架，婦女洗衣洗菜洗器皿都在這，河水被鴨子攪和得混濁不清，又常有鴨糞隨水漂流。1970 年代之後，政府禁止河邊養鴨，漸漸地，養鴨戶就移往內陸挖池塘飼養。

定點養鴨除了餵食米糠外，戴常山還到東港魚市場買鮪魚頭，一次就買上百公斤，剁碎後加上玉米、麥片、豆子一起攪拌煮熟，前來幫忙的外甥年紀小，那個年代沒甚麼零嘴，聞到濃濃的香味便忍不住偷偷撿來吃。「養鴨無師父，用料就會孵。有吃生到死，無料死不生」是養鴨人家經常說的俗諺，生是指生蛋；後來有了飼料，為使蛋黃紅潤，飼料內添加色素或其他化學成分，品質不如以往天然純正了。

曾經沿著河流養鴨的景象已不復見，屏東養鴨戶也因蛋價及飼料成本的關係大大銳減，到現在，人們還是很懷念當年流動鴨那又香又紅的紅鴨卵呢！

1968 年新埤林邊溪畔，鴨群忙著上岸到主人備好飼料的竹籃邊用餐。

種西瓜

1960 年代
屏東

屏東林邊溪砂質礫石的河床地，排水良好，滲透性佳，又因每年河水沖刷帶來山上有機的土壤，是早期最適合栽種西瓜的地方，這裡生產的西瓜飽滿大顆、甜脆爽口。

每到春分，瓜農把瓜苗直接種在河床地上，塑膠袋盛行後，就用它來育苗。育苗的種子是前一年瓜農挑特別大的西瓜免費請鄰人吃後，特意留下的，免費西瓜人人愛，種瓜又大又甜，真是皆大歡喜。

種子晒乾後儲存起來，到次年三月再取出用手帕包好，浸水溼潤後放約兩天，待打開看到發芽生了根，挑選長得較好的芽，種到袋底有洞的黑色塑膠套的泥包裡，這泥包攪和了肥沃的有機肥。十多天後，瓜苗長出葉片，就可以種了，照片所見就是農婦把瓜苗挑到田裡，取出塑膠套，一株一株包覆著泥土種下。

西瓜根有潔癖，不乾淨的土壤無法生根拓展，葫蘆或南瓜的根就不挑，隨便哪種地質都能夠生長，而且長得旺，於是瓜農想出了嫁接的方式來種西瓜。土壤下是葫蘆或南瓜的根，爬在地面的是西瓜的藤葉，根旺藤葉也長得旺，綠葉多光合作用也就強，藤枝因此生長得快。

葫蘆或南瓜苗的培育和西瓜一樣，等幼苗在泥包長出兩片子葉、中間冒出葉心，就拿竹片做成的刀片或牙籤，在葉心切一小洞，把西瓜苗細尖的根穿進洞裡。兩個禮拜後，瓜苗生長穩固，再移到田裡栽種，瓜農說這是「葫蘆頭、西瓜藤」或「南瓜頭、西瓜藤」。

育苗通常在自家的禾埕或空地作業，讓自然的陽光、露水和雨滴滋潤苗種，為了防止蝸牛或其他螺類吃食，還得拿蚊帳覆蓋以免前功盡棄。通常一個瓜農都會種上四、五千株的西瓜，量雖多，但此時尚不需粗重的勞力，伙房[1]裡的小孩就成了最佳幫手，孩子們樂得吃西瓜留種，幫忙育苗嫁接又可以拿到五毛一塊，是難得賺零用錢的好機會。只是，接下來種西瓜的辛苦過程，可就不是一般人能想像的了。

1. 伙房：客家人對三合院、四合院等合院建築的泛稱。

上：1960 年代屏東鄉間，農婦把西瓜苗挑到田裡，準備種西瓜。
下：農人駕牛犁準備開畦種西瓜，開水路也是用牛。

西瓜寮

1968
屏東新埤

往昔在河床上種西瓜,只要有一牛車堆肥的本就可以,因此種西瓜的家庭經濟多不寬裕,較無資本,最需要的還是人力,從一開始把培育好的瓜苗移到田裡栽種,瓜農就要雇工請人,植苗、澆水、掌水、施肥、疏果、噴藥……,樣樣要工,瓜農也開始以田為家的生活。

西瓜怕連日雨水,根部吸收太多水分會導致整顆西瓜裂開;水分不足,又會使藤葉往上生長而不在地面攀爬,加上西瓜容易突變,因此,種西瓜是看天吃飯跟老天賭博的工作,既無法預防天候的變化,事後也沒有辦法做任何的調整或改善。

正由於如此依賴老天賞臉給飯吃,瓜農會在瓜田的草寮邊撿塊大石頭,花點力氣擺設土地公,慎重點的還會到附近的廟宇請來神祇,每日晨昏就地拜起「西瓜伯公」,衷心祈求天公作美、風調雨順,百日之後有個好收成。

婦女為了同時照顧小孩,得把小孩帶到田裡,竹子和布疋簡單搭起遮陽棚架,權充休息的地方,幼兒餓了就放下手頭工作跪坐在地上餵奶,口渴了直接拿茶壺對著他們嘴巴灌水。瓜農說,大人忙著瓜田的事,常任由小孩在田間四處走動,不少小孩好奇跑到水路和蓄水池邊玩水,而不慎跌落池子淹死,聽了真令人感傷和嘆息。

屏東新埤建功村老村長鍾展雄看了照片中盯著鏡頭看的小女孩,馬上說這是閩南人,「餉潭面圓圓,獅頭面長長」,餉潭村住的是閩南人,獅頭村住的是平埔族,和建功村一樣都是林邊溪流域的子民,生活的互動讓居民熟悉彼此,竟可以用臉型來歸納不同族群。

等西瓜長得稍大,瓜農就連夜晚也住在草寮,守著即將成熟的瓜園,以免辛苦種植的西瓜被偷,連本也賺不回。直到雨季前的六、七月,整園的西瓜採收完,才結束河床上的生活,回到熟悉溫暖的家。

上:1968 年新埤西瓜田邊,農婦跪在地上哺乳,小孩總是天真,開心地笑看鏡頭。
左下:小孩渴了,媽媽直接用茶壺餵水喝。
右下:上工前、收工後,為草寮邊的「西瓜伯公」上一炷清香。

水路

林邊溪位於屏東平原南方,早年每過了雨季,雨水沖刷後的河床猶如洗淨的身軀,乾淨無比,是種植西瓜的最佳時機。

農民最初是在下游種,以占地為王的方式,拿竹竿圈出耕種範圍,可是有些惡霸會把竹竿拔掉換成自己的,農民只好在夜裡巡田,時常發生鬥毆衝突。種了一季的西瓜,收成後便逢雨季,河床再度遭受洪水侵襲,隔年,和河水及凶神惡煞爭地的血淚戲碼又會重演。

後來,種植西瓜的區域從林邊溪下游漸漸往中上游移動,即新埤鄉餉潭橋的上下游一千公尺左右。瓜農為了灌溉用水,紛紛在河床地打井,往下挖深達13丈(約43公尺)的水井,然後,以50公尺為間隔,挖出一條一條的溝渠,也就是「水路」。

河床地都是大大小小的砂石,滲水性極強,溝渠要用塑膠布覆蓋,兩旁和凹底再用石塊壓住,以避免水滲入地裡,並確保塑膠布不被強風吹走。有了井和水路,就等於宣示領土範圍,不需再插竿了。

水路上或水路邊每隔五丈挖一個蓄水池,水池邊壁塗紅毛泥(水泥)。河床沒有電力設施,井水用柴油幫浦抽到水路,依序流灌每個水池。一口井可能供應好幾個人的瓜田,抽水幫浦的油錢便由大家分攤。

打從瓜苗種下去到收成為止,瓜田天天都要用水,因此有專人掌(管)水掌幫浦,除了要經常走動巡查水流到哪兒,還得在清早工人提水灌溉之前,讓每池水都是滿的,否則沒水可挑會挨工人罵。不過,池水也不能滿溢出來,這會被頭家斥責,因為幫浦抽過頭,浪費油就等於浪費錢。所以,掌水的人有時清晨三、四點就得上工了。

相較於早期到河裡挑水,水路方便多了。1980年之後,西瓜種植區漸漸轉往田裡或東部花東一帶,林邊溪已少有人種,據瓜農說,西瓜需要乾淨的、排水良好的水與地,林邊溪的水質與溪埔地愈來愈差,已不適合種植,就算種了,品質也相當不好,進不了市場,只留下老照片裡一條條的水路,見證了屏東瓜農曾經奮鬥的歷程。

上:1966年新埤西瓜田,水路一路蜿蜒向遠方,遠近緊鄰著的土石堆,是蓄水池挖好後就地堆放而成。
下:塑膠布覆蓋的水路和蓄水池。

淋水

1966-68
屏東新埤

寬廣平坦的河床綿延數十公里，雖然全面皆是石礫，沒有田泥，瓜苗卻因為得了不斷澆灌的水分滋潤，而開始抽藤生長。

春天裡，瓜苗種下之初，上下午各澆一次水，果實稍大後或天氣太熱，中午再灑一次。灑水全靠人工，一擔兩桶，一次僅能灑四至五株，一大片四、五千株的瓜園得要雇好幾個灑水工，有男有女，每人挑水量和灑水量不同，聰明的頭家會讓他們輪換區域，好讓每株西瓜得到均勻的供水。灑桶的噴頭出水孔大小不同，瓜苗還小時，所需水分不多，用的是出水孔較小的噴頭，待瓜苗大些，則換成較大的。看圖中草寮旁擺放好幾個灑水桶，就知道瓜農雇多少個灑水工了。

施過第二次肥後，瓜藤開始散枝冒葉往四周爬行，為了日後留果好整理，每一株西瓜都要「牽藤1」。待西瓜長至拳頭大小，就要「打瓜」和「疏藤2」。打瓜就是疏果，大粒品種每株只留一顆，留的位置在主枝或兩旁副枝離根部約一米，太靠近藤頭，成熟後會空心，留在藤尾則長不大。有時西瓜被葉子遮住沒看到，就算後來長得相當大，一樣要忍痛摘掉。其他小粒品種如小豐、小玉則留三至四顆。

種西瓜最怕白粉病和介殼蟲，早年沒有化學農藥，瓜農用硫磺水和魚藤水防治，有人專門從溫泉地裝硫磺水來賣，而魚藤水就靠自己製作了。日本時代種魚藤採登記制，要取得魚藤還得半夜到人家採收完的魚藤園偷挖，將根搗碎榨出汁後倒進桶子加水，再取一把「沙蔗仔」（蘆葦、甜根子草）綁好，用整捆的葉尾沾上魚藤水，邊走邊抖動，讓葉片上的魚藤水如雨滴般地灑在西瓜葉上。

河床上，瓜農就這樣每天辛勤地照料，等待豐收的那一天早日到來。

1. 牽藤：把藤枝拉往同一個方向，並用泥塊壓住，使它朝設定的方向爬行，不然就會藤枝亂竄，
　導致同一株留太多果實，有些植株卻半顆也沒留到，嚴重影響西瓜品質。
2. 疏藤：側邊留三至五藤，以免藤葉太多，光合作用太盛，葉片大而肥，果實當然就長不大。

上：1960年代新埤西瓜田，女工正在澆水，澆過的地溼溼的，西瓜苗就是這樣從石頭地裡長成果實。
左下：工人回瓜寮休息，大小灑水桶放一邊，寮子雖簡陋，還是貼上了門聯，祈求「瓜熟蒂落」好豐收。
右下：灑水女工脫下雨鞋在寮邊休息。

西瓜收成

1967
屏東新埤

西瓜採收時節，工人將採收的西瓜一一挑到田邊的定點放置，再由農婦裝進竹籃裡。這一顆顆又圓又大的西瓜，賣得的價錢，除了償還上一季的穀債[1]，還可以有一點剩餘的收入補貼生活所需，120 天的辛苦，總算有了一點點回報。

當西瓜成熟的四、五月，眼尖的商販就來到田裡，和瓜農商討收購的方式。講價時，瓜農先報頭數，商販瞄了瞄瓜園，心裡打個折數，報出收購數。以前一個瓜農大約種四、五千株西瓜，但並非每一株都結果，結果的也未必粒粒飽滿，對商販來說，當然要挑最好的，因此出價的顆數都比種植的株數來得低。但對瓜農來說，最好整園的西瓜都收購，這樣利潤當然較高。於是，商販嫌東嫌西，瓜農則信心十足地展現辛苦培育栽種的果實，雙方折衝一番，直到講定顆數為止。

另一種收購的方式是論斤數，同樣的，商販認定的收購數量會比較少，瓜農則希望多多益善。不論哪種方式，商販皆會在談定數量後先付訂金，並口頭講好幾日後來採收，如果商販沒有在約定的時間內採收，瓜農就可以沒收訂金，並再讓另一個商販來收購，那時的人都講信用，無須白紙黑字的契約書。

採收時，商販雇工在園裡挑選品質好的西瓜並蓋印做記號，摘瓜工人就照著記號採摘，達到約定的數量就停止作業，雙方現金結算後，商販就運往南北各地的攤商。至於留在田裡的西瓜，有些以較低的價格給第二個商販，有些則自己採收，直接擺在大馬路邊賣。

西瓜採完，接著就是雨季，河水開始氾濫，瓜農則回到農田裡當僱工，繼續為生活煞猛（努力）打拚。

1. 穀債：農民向農會借錢買肥料、種子或是賒欠碾米廠的錢。

1967 年新埤，西瓜田採收了，大家忙著挑西瓜、選西瓜分裝。

種豆仔

1970
屏東內埔

南部二期稻作收成後，農人剛忙完晒穀、搶穀（吹穀尾），馬上就在留著禾頭的田間種豆子，勞力和地力十分密集，完全沒有喘息空隙。照片中，農婦左側腰際綁了一袋豆種，以幾乎折彎了腰的姿勢，右手拿小鍬往土裡插出一個小洞，左手從袋中取豆往小洞丟三、五顆，拿起小鍬時，半掀的泥土會自動順勢回填，不需另外覆土，這樣速度才會快。種豆跟插秧一樣，一次橫著種五行，種完再倒退往下種植。

種豆和拔豆、蒔田、補禾頭、割禾、晒穀、洗衣……等勞務，都仰賴腰力，所以婦人家說每天做得「腰拑背吊」，腰彎背拱，像被吊起來一樣，或者說「痀背兩頭毋搭蓆」，平躺下來，只有背碰得到床蓆，頭腳都搆不到，腰背彎曲之程度，可見一斑。

豆子種好後，把乾禾稈撒在田裡燒，禾頭會燒得焦黑，連帶草木、小蟲也都燒光，灰燼成了自然養分，待豆株長大些，再挑來豬糞、牛屎做成的堆肥潑灑，營養才夠。剛播種的豆子最怕下雨，若浸溼腐爛，得重新來過，長根冒芽就不怕了，播種必須趕在雙十節前，之後種下的豆子長不好，結果率較低。

豆株開花長出豆莢後，田鼠就來啃咬豆莢了，牠們乾脆在田裡挖地道住下來。每到假日，抓老鼠是孩子們專屬的娛樂和工作。老鼠因吃了蛋白質豐富的豆子而長得又肥又大，加菜分量不少。李國男說，抓老鼠都是一大群孩子，很有趣，這也成為他們兒時的共同記憶。當豆莢長得稍微飽滿，孩子們就近找土塊堆成小爐，上面放罐子裝水，燃火煮豆。在零食很少見的年代，水煮豆可是令人流口水的點心。

當豆子成熟、豆葉轉黃只剩兩三片青綠葉子，就可採收了。若葉子都乾黃了，豆莢已完全乾硬，豆株一拔，豆莢因碰撞裂開導致豆子彈跳出來，一顆顆散落的豆子怎麼撿呢？這時真會欲哭無淚啊！經過老鼠啃、孩子摘，剩下的收成才歸辛苦種植三個月的農民，這就是無農藥化肥年代的種豆紀事。

1970 年內埔，種豆子的農婦腰彎得胸腹都快貼近大腿了，她每天都得這樣彎腰直到種完整坵田為止。

打豆仔

1970
屏東佳冬

「啪─洽─吡哩叺啦吡哩叺啦……啪─洽─吡哩叺啦吡哩叺啦……」農曆年前的南方農村，禾埕傳來一陣又一陣的聲響，整個合院堆滿了這一季收成的豆仔，婦女們頂著暖烘烘的冬日熟練地甩打，「豆絞」打在豆莢的聲響，帶來農村豐收的訊息。

早期農村都自製豆豉、豆腐，而且黑豆可釀醬油，價格較高，因此「作小冬」的作物以黑豆、黃豆居多。1980年代之後，因應市場多樣化的需求，紅豆、玉米、蔬菜等各色作物陸續出現。

當豆仔成熟，豆葉乾黃落蒂，婦女們在豆田裡將豆仔一株一株連根拔起，就地疊放在塑膠網上曝晒，或是用牛車運回伙房禾埕晒乾。天氣晴朗幾天即可，若遇陰雨天，曝晒的時間就長了。晒乾後用換工的方式，人手一支豆絞幫忙打豆仔。

絞（gau31），是扭結的意思，豆絞就是將一長一短的竹子或木棍栓連，長柄部分通常用竹子較輕較省力，短柄部分會選用較硬的莿竹或實木，以便施力落地，當手持長棍往地面揮動時，短棍打到地上的豆莢，豆仔就會彈跳出來。

打過之後，還要把壓在最下層的豆株翻上來打，全數完成約需半天，通常是在正午或午後日晒充足時進行。打好後用五爪耙將粗的豆梗、豆葉、豆莢掃開，剩下混合了細碎葉片與雜質的豆仔，要像稻穀用風車「搶穀」一樣來「搶豆」，輕的、零碎的豆渣被風車的風吹往遠處，留下有重量的豆仔，最後把豆仔裝袋，準備「糶豆仔」拿去賣。

商人們總在豆仔賤價時向農戶「糴豆仔」，等市場價格好再賣出，而農村婦女從來也無法預知價格好不好，就是季節到了，村裡某戶人家豆仔收成時來換工，用身體的力道結束這一季的農事，一起與村民卸下一整年的勞動，準備迎接農曆過年的到來。

1. 在屏東地區，一期稻稱為四月冬，二期稻稱為十月冬，美濃則分別稱為山冬禾、大冬禾。在十月冬收割後，到翌年初春再播種的期間，種植番薯、黃豆、蔬菜等就稱為作（zog2）小冬。

1970年佳冬，農婦和農人在晒乾的豆株上一字排開，一起一落地用豆絞打豆仔。

弓蕉金蕉

1964-70
屏東

全身衣服都黏著香蕉汁的蕉農，牽著腳踏車，前面籠頭掛一串香蕉，後面竹籃裡還裝得滿滿的，並蓋上被子防止碰撞，他正要去集貨場「交弓蕉」，外銷出口的黃金年代，這一點點香蕉可是能換不少錢的。

蕉農把香蕉送到外銷專用的檢驗包裝場，一般稱為「弓蕉場」，透過檢查、選別、水洗、秤重、貼標、包裝，再用大卡車直驅高雄碼頭，裝船銷往日本。

1963 年，日本開放台蕉進口，在青果合作社社長吳振瑞的積極開拓下，台蕉在 1960 年代間於日本獨領風騷，創下 90% 的市場占有率，光是外匯收入就占全台三分之一，是史上台蕉銷日的黃金期。

當時屏東到新竹以南掀起一片種蕉狂熱，全台種植面積曾高達八萬公頃，約是現今十倍以上，而香蕉價錢到底好到什麼地步呢？最高時一公斤約六到七元，比一斤米還貴，有幾分地的蕉農，一年的收入可達公務員收入的兩三倍以上，講更具體一點，這個打著赤腳的蕉農假如賣了三串香蕉，大約可做半套英國進口毛料的西裝！比諸這幾年蕉價之低迷，就算賣一百串也還沒這個價值。再舉前經建會主委江丙坤回憶為例，他在 1960 年代去日本東京大學留學，上船前買了三簍香蕉，在日本上岸後變賣的獲利，竟足以供應他一年的學費！

1969 年青果合作社爆發所謂「金盤金碗案（剝蕉案）」，吳振瑞和青果社要員數十人被誣，身繫圇圄，連當時央行總裁徐柏園也因案下台，從此輸日數量每況愈下，香蕉產業從黃金變成糞土，河床裡堆滿丟棄香蕉的場景，時有所見。

1987 年解嚴後，各種出土資料和論述還原了香蕉弊案真相，竟是當年政治鬥爭的犧牲品。時移事往，受害最深的台灣蕉業早已從此一蹶不振，如今在日本的市場占有率僅 1% 不到，令人唏噓。

上：1960 年代屏東，一位蕉農載香蕉到集貨場，當時香蕉價格好，只見他視蕉若寶地牽著腳踏車走，以免碰壞了串串「金」蕉。
左下：外銷專用的香蕉集貨場，農民在此交香蕉給青果合作社。
右下：當年的香蕉用竹簍子裝運，今已改成紙箱。據吳振瑞後來的口述，他當時堅持不用紙箱以維持竹簍業生計，造成擋人財路，竟也是被入罪的背後原因之一。

牛車班

1964-70
屏東

一大片剛採收過的甘蔗園，牛群低頭暢快地吃著蔗葉，從牛隻數量看來，這應該是載運甘蔗的牛車班，享有優先食用權，正大快朵頤呢。

從日本時代以來，屏東平原就種植大量甘蔗，採收時糖廠會雇用牛車班，將甘蔗載到鐵道旁的集貨場，再由小火車轉運糖廠。因此，旗山、美濃南隆農場一帶的蔗田，每到 12 月的採收期，就會聽到四、五十台牛車「ㄎㄧˋㄎㄧˋㄎㄡˋㄎㄡˋ」鐵輪壓在碎石路上的聲響。北門郡是現在靠海的安定、西港、佳里、將軍、學甲、北門等地，土壤貧瘠，地下水鹽化，又沒有水源，人稱三餐「吃鐵釘、配羊屎」，就是吃一條條晒乾的番薯簽，配一顆顆如羊糞的黑豆豉，生活遠比屏東窮困，因此，他們會不辭辛勞花上三天「牛步」走來蔗園打工。

每年 12 月到隔年 3 月長達四個月的採收期，牛車班帶著妻小、鍋碗瓢盆住進蔗田裡東一處西一個的草寮。農場行政辦公所在地的手巾寮，小小村子兩百戶人家就有三間碾米廠，正是因應他們所需，這段期間米的需求量特別大，連豬肉也比平常賣得多。整日忙著農事，他們和當地人沒有太多互動，甘蔗採收完就北返，「ㄎㄧˋㄎㄧˋㄎㄡˋㄎㄡˋ」聲再度響起。後來有了貨車，便把牛車拆解連同牛隻雇車載運往來，從此再也沒有一大群牛車班緩緩經過村落的車輪聲了。

最後，他們落腳在蔗園附近叫做「農場寮」的小地方，從整地、挖溝、種蔗到採收運送，一整年都作農場工，足以養家活口。農耕機械化與糖業衰退之後，移居屏東平原的第三代北門郡人，只有少數被雇用，大多數為了生活不得不向外發展，繼續在社會底層辛苦奮鬥著。

李秀雲服務的南州糖廠也是如此，只是時間稍晚，1950 年代，台南佳里、嘉義布袋靠海一帶的農民組成牛車班，年年駕著牛車來到新埤，採收完再返鄉。他們一部分人後來也定居下來，散居在潮州、南州一帶，以及聚居在新埤萬隆村的萬安社區。大群的牛隻訴說了蔗工移民史，這也是這些村落為何多是閩南人的原因。

上：1960 年代屏東一處蔗園，牛車班的牛群在採收後大啖蔗葉。
下：來自台南的牛車班，在蔗園附近搭草寮定居下來，要努力存錢，才能蓋個好一點的瓦房。因為窮，牛養在房子前，和鴨鵝一樣任意走動，下雨過後，牛糞和爛泥攪和在一起，要進家門，得拿石頭鋪成一條路，傾頹雜亂的景象和牲畜牛糞的氣味，訴盡了牛車班蔗工的貧困。

會社工

1964-70
屏東潮州

正在採收的蔗田裡，年輕男女和少年，全身都包得密不通風，因為在蔗田裡工作，一怕晒，二怕蔗葉割人。他們各有姿態的身形和看著鏡頭的眼神，有一種獨特的韻味：1960 年代的農地裡，散發著年輕人勞動的氣息。

他們是會社工，日本政府在台灣推動大面積栽培甘蔗，設立新式糖廠生產蔗糖，經營單位叫做株式會社（也就是今日的股份公司之意），甘蔗園因此被當地人稱做「會社埔」，蔗工就叫做「會社工」，這些語詞一直沿用到光復後台糖接手時，也沒有改變。

每年秋末到隔年初春，是甘蔗採收季節，採收時男人把甘蔗砍倒，婦女負責去蔗葉、蔗尾、蔗鬚，並把甘蔗砍成約四、五尺長，捆成一把把，讓牛車載到五分仔火車，再運到糖廠製糖；採收期的會社工每天回家後都要磨刀，好讓工作有效率，看那婦女，人手一刀呢。

甘蔗不僅採收時耗人力，從種植、培土、扒葉、施肥、除草、巡看、整枝、給水，也都需要大量勞力，雖然工資低廉僅足以餬口，卻也吸引四面八方前來的移民，在蔗園附近形成通稱「農場寮」的移民村。像東部花蓮光復糖廠的南邊有個移民村叫大和，是客家苦力遠從桃竹苗翻山越嶺而去，人口最多時曾高達一萬三千多人。

由於會社的工作是雇工性質，完全沒有保障，因此衍生「會社工，甘蔗命」這樣一句諺語，工人跟甘蔗一樣，榨完之後就被丟棄，尤其在台糖漸漸關閉全台糖廠之際，更體現了這句諺語的真實和殘酷。

歷史上因為甘蔗而產生的最大批移工，是在 16 世紀以後的三百年間，歐洲國家在加勒比海區殖民地大量開闢甘蔗園，然後從非洲買進近千萬奴隸，改變了中南美洲的人口結構。糖的甜蜜因奴隸血汗而誕生，台灣的糖業史，又何嘗不是農人的青春勞力換來的！李秀雲的鏡頭詩意而平和，卻難掩會社工滄桑且複雜的命運……。

上：1960 年代潮州，蔗園裡的糖廠雇工。
左下：會社工正在去除蔗葉。
右下：婦女搭牛車準備上工。

伙房大細

伙房是傳統客家農村的命脈所在，農人的生老病死在此傳衍，田地的耕作力也由此誕生，人際關係更由一座座伙房織出一張綿密的網，李秀雲細細的著眼於自家和親族伙房間的各種平凡片刻，這些看似毫不起眼的日常生活，卻是數百年來屏東平原伙房的永恆紀事。

這些伙房身影多是溫婉的女性，在田事之餘，婦女們比男人多出不可勝數的繁多家事，挑水、煮水、種菜、燒飯、洗衣、餵豬、晒物、帶小孩、拜天公……，伙房的各種空間：正廳、間房、廊仔下、禾埕、灶下、天井、屋背，也隨之展現，李秀雲用鏡頭，帶我們走了一趟農業社會的伙房之旅，看見伙房大細（老少）的晨昏與四季。

灶下

1968
屏東竹田

掀開燒好的鍋水，滾燙的熱水冒出濃濃的白色霧氣，婦人拿了杓子一瓢一瓢舀往井桶，井桶提手處還吊掛著繩索，想必待會兒涼了要揹（挑）到田裡給大家解解渴。

灶下（廚房）是客家女性在家時最常勞動的地方，每日三餐的飯菜、洗澡飲用的熱水要在這裡燒煮，給豬吃的番薯簽，加了米糠和剁碎的番薯葉，也要在大鍋裡煮好餵給牠們吃。過年時節，自己親手蒸一大籠甜粄[1]，掛紙（掃墓）的時候做紅粄、發粄、白頭公粄，三月三灶君生搓圓粄、五月節（端午節）裹粽子、七月半做芋粄，下雨沒辦法下田工作時做碗仔粄……，全都在這裡，婦女一手包辦大大小小的家事，難怪人們用「灶頭鍋尾、針頭線尾、田頭地尾、家頭教尾」的「四頭四尾」箴言來形容客家婦女的勤奮身影。

屏東地區流傳一段打粄的客家唸謠：「粢呀粢呀粄哪粄，我係知得搓圓圓打扁扁，置中包一粒餡（a11，餡），省使阿妹詐病上眠床。」是說有些從未做過家事的新來嫂[2]，因為害怕做粄，一遇節日就佯稱生病躺在床上，不敢靠近灶下一步，半夜了才起來偷偷看家人做好的成果，就以為一點都不難，殊不知打粄其實工很多，門外漢才會以為只是圓圓扁扁包個餡，不知是誰，把這樣有趣的生活經驗編成唸謠了。

農村時代的客家婦女，從天亮起就一刻也不得閒地在灶下、田地裡兩頭跑，猶如陀螺般轉個不停，這煙霧迷濛、浪漫光影的片刻，正是一天勞動的開始，手持水杓的主角是誰呢？她就是李秀雲的妻子徐榮娣；在自家的灶下，李秀雲為辛勤的愛妻留下永恆動人的身影。

1. 客語稱米製糕點為粄，即閩南語的粿，製作稱打粄或做粄，甜粄是甜年糕、紅粄是紅龜粿、發粄是發粿、白頭公粄是艾粿、圓粄是湯圓、芋粄是芋頭糕、碗仔粄是碗粿；包粽子，六堆說「裹」粽子。
2. 新來嫂：剛娶進門的媳婦。

1968 年竹田頭崙李屋伙房，李秀雲妻子徐榮娣在廚房忙著炊煮、燒開水。

學燒火

1968
屏東竹田

清晨的陽光斜斜的射進了廚房，灶上的大鍋子在煮一家人要喝的開水，水滾隆隆冒著大煙，可是好像突然快沒火了？小女孩趕緊蹲到灶口，學著大人，塞進一堆柴薪，再拿竹管吹氣，小小身影在大灶頭下的模樣，真令人疼惜。

女孩的西瓜皮髮型和衣服手肘上的大破洞，訴說著那個年代的簡樸，她是李秀雲弟弟的女兒美玉，一早醒來，就溜進廚房裡跟著伯母團團轉，其實這個年紀還不太會做事，但是好奇心旺盛、特愛模仿，大人做什麼都興沖沖跟著做，是個黏呼呼的小跟班。

假如在冬天，灶口是小朋友最愛流連的地方，熊熊火焰帶來溫暖，灶裡不斷變化的火形真好看，田裡若有出產地瓜還可以煨番薯。但是等長大一些，看顧灶火這件事就會從好玩變成責任，煮一家人用的洗澡水、要喝的開水、要吃的米飯……，在小小的家事勞動裡，開始學到分擔、體諒和職責，伙房是生活空間，也是學習和傳承一切的開始。

陽光，輕輕的灑在小女孩身上，一片煙霧瀰漫裡，有一種說不出的溫柔和單純，逆光的效果和簡潔的構圖，把廚房的角落凝結成永恆的童年──多少婦女看到這照片說：我們就是在灶頭下這樣蹲大又蹲老的啊！

1968 年竹田頭崙李屋伙房的廚房，李秀雲的小姪女蹲在灶口前，用竹管吹氣助燃。

刷番薯簽

1969
屏東竹田

頭崙李屋伙房的禾埕上，婦女忙著處理這一季的番薯，李國男看了照片說，晒番薯簽的是阿開叔婆，坐在板凳上用「刷仔1」刨絲的，左右各是她的次媳富榮嬸和長媳富雲嬸，一旁站著看的是興仔叔婆。「刷仔」就是木板底嵌上銅製剉洞的手動製簽器，只見她們把刷仔綁在長板凳前，自己坐在後頭刷，刷著刷著，刷成了一座小山。

番薯耐旱易生，以前農家都會在屋旁或路邊空地種上一些，或在二期稻作後種植。為了提高稻田的生產力，有些人家在收割前兩個禮拜，就先把截枝的番薯藤種在兩行稻子間，等收割完畢，番薯已生根爬藤了。要讓番薯長得多又好，必須將旁邊泥土往藤上覆蓋，稱為「上土」，所以番薯田都會有一行一行壟起的土堆。為了生產，田地完全沒有休息，農夫也是天天密集的勞動，老農古德福說：「會做死哦！」

三個月後，地底下的番薯已經成熟，先把地上藤葉割除，再駛牛一行一行犁，最後將一串串的番薯連同藤葉用牛車運回，沒有挖起或掉落在田裡的，就留給更窮的人家撿拾，大家互相體諒包容，從不驅趕。番薯運回家，苦日子便來了，番薯成了主食，飯裡沒幾粒米。婦人家或小女孩還要準備豬隻的伙食，「ㄅㄨˋㄅㄨˋㄅㄨˋ……」伙房經常傳出菜刀剁番薯藤葉的急促聲，剁碎後和番薯一起煮，客家話叫「煮汁」。另外，還得將番薯洗淨，製成簽晒乾儲存，以備整年所需。

刷仔耗時費力，後來陸續出現了腳踏式製簽器、電動製簽機，製簽快速又省力。晒番薯簽最怕下雨，淋到雨的番薯簽因澱粉被洗掉不會甜，煮起來也不粉嫩，口感不佳。雖是如此，還是要煮汁給豬當飼料，貧苦人家也是照三餐吃，哪能計較那麼多呢？有食物就很萬幸了。

現代人流行吃番薯排毒，而我們的上一代上上一代早就在生活裡天天排毒了，要老一輩的人再來吃番薯，多數搖頭稱吃膩了，很怕再回憶起窮日子的生活啊！

1. 刷仔海陸腔說「擦仔」，刷洗衣物器具的刷子才說「刷仔」，但四縣腔則說「搓仔」。

上：1969 年竹田頭崙，李屋伙房的婦人家在禾埕上刷番薯簽。
下：晒番薯簽時，必須像這樣均勻分散地撒下，才能均勻曝晒。

貼肉丸

1965
屏東竹田

數一數，有七雙手圍著一個大蒸鍋，他們在做什麼好吃的東西呢？原來是客家最傳統的「貼（diab5）肉丸」，物資匱乏的年代，這道單純又古老的名菜，可是在喜宴上才吃得到的。

客家肉丸的材料，就是單純的瘦豬肉，以前沒有絞肉機，要靠手工把肉剁得碎碎黏黏，然後在左手掌抹一點醬油加米酒，右手取一點肉醬往左手心甩，這個丟、甩的動作，就叫做「貼」，通常最少要貼個六、七次到十來次，肉醬才會結實成形且有韌性，最後整型為紡錘狀，一個個整齊擺放在蒸籠裡。

現今有些人會在肉醬裡拌一些薑末、蒜末、蔥頭、米酒或胡椒粉，但老人家說，最傳統的是什麼都沒加，純粹靠瘦肉的鮮美和醬油的提味，讓這道菜充滿原始鮮味，也不放現代用以凝固的番薯粉，所以口感清爽，沒有加粉的黏膩。

李秀雲的長子李國男正巧是食品加工科教師，他說，這原理是肉遇到含鹽分的醬油，加上甩丟，肉中的鹽溶性蛋白就會溶出，呈現黏稠狀，因此能夠成形，而烹蒸時鹽溶性蛋白凝結，使肉丸結實具有彈性，就是口感奇佳又味美的丸子。

這肉丸怎麼吃呢？最簡單的就是蒸好直接擺盤，這可是過年都能上供桌拜拜用的，不然就是蒸好後加一點冬瓜或荷蘭豆配色煮湯，在喜宴中，肉丸湯通常會比較慢出場，吃到它就知道菜快出盡了，因為客語裡，丸和圓同音，代表圓滿了。

假如在家吃這道菜，它就會被叫做「桌心」，意思是今天的主菜，可見它受「尊重」的程度，也由於它做來耗工耗時，每逢「做好事（喜慶之事）」辦桌需要製作大量肉丸，左鄰右舍都會主動幫忙，以免主家忙不過來，看這些手可正忙著呢。

1965 年竹田頭崙，李屋伙房的婦女圍成一圈做肉丸，小碟子裡裝著調味用的醬油，大家雙手忙著揉丟甩，蒸鍋上已經快擺滿了。

拜天公

1968
屏東竹田

農曆正月初九是天公生，「天公」就是玉皇大帝，是在天上統領所有與人間息息相關眾神的最高神祇，俗諺說「天上天公，地下母舅公」，可見天公神格地位的崇高。每到祂的生日，人們都會非常慎重地擺設祭品虔誠敬拜，一般拜天公的時間為子時，也就是深夜 11 時至凌晨 1 時，也有清晨祭拜的，據說愈早拜愈有誠意，有些人在家中拜過後，還會到附近的天公廟上香敬獻。

早期六堆客家族群的生活空間以伙房為主，拜天公時將廳下（正廳）神桌搬到外面禾埕，雖已分食分戶，但伙房內的各戶會共用神桌一起祭拜，李秀雲這張照片就是太太徐榮娣（右）和群華嬸在禾埕一起拜天公的情景。

拜天公的祭品有蠟燭、鮮花、水果、茶，更傳統慎重的還會擺起上下兩張桌子，以長板凳將上桌墊高，讓兩張桌子呈階梯狀。前方高的上桌為頂桌，供奉的是天公，頂桌兩邊各繫一枝尾端有青葉的甘蔗，甘蔗上掛著黃色的長錢紙，除了齋料，桌上還會放兩個燈座。下桌較低矮，供奉的是天公的眾神部屬，供品以葷食為主，有三牲、茶或酒、紅粄、水果等。

除了正月初九天公生外，婚俗中，男方在結婚前一天深夜子時也會拜天公，供桌的擺設和供品與天公生一樣，同時聘請先生（禮生）來行三跪九叩禮，感謝天公保佑長成，並告以要結婚的喜訊，通常儀式都要進行一兩個小時，可見客家人對婚姻大事之慎重。

現在拜天公的儀式愈來愈簡化，但最後一定會燒金紙、燃鞭炮。寂靜的農村，在正月初九這天夜裡此起彼落響起劈哩啪啦的鞭炮聲，延續了正月新春的喜氣。

1968 年竹田頭崙，李屋伙房拜天公，李秀雲的妻子和白髮蒼蒼的嬸嬸正在凝神默禱。

拜新丁

1964-70
屏東竹田

祖堂供桌上，沒看到三牲花果，只有一大盤紅色龜粄[1]，兩旁還有八音班伴奏，這是怎麼回事？原來是李秀雲家的伙房裡，有人出新丁，在國王廟前拜完伯公後，回家再祭拜先祖，這叫做「拜新丁」，是南部客家於新春期間特有的風俗，就是在過年後「起福[2]」這一天，於祭品和儀式中加入拜新丁的部分，因此又稱為「做新丁福」，此時添新丁的喜悅，似是凌駕於初春祈求風調雨順五穀豐收的祈願了。

拜新丁一律是在新春作福時舉行，前一年家裡有生兒子的，必須在請伯公當晚就把粄放到伯公前祭拜，講究一點的人家另備有牲儀。隔天早上福首帶著八音班，一路吹吹奏奏，把新丁粄一一送回各主人家的祖堂，此時主人家要捻香拜祖，八音班也會在祖堂裡熱鬧一番，這叫做「送新丁粄」；不過因為要包紅包給福首和樂師，有些人為省錢，就自己先去把粄拿回來。

拜新丁是農業社會重男輕女觀念的體現，也可藉此觀察到城鄉流動的變化，在1950、60年代，每個庄頭出的新丁少則幾十位，多則上百位，到近幾年，供品已經擺不滿一個供桌了，人口外流和少子化，應數伯公和做粄的店家最有感覺了。

而隨著家戶從廟口到家裡吹奏樂音傳達喜訊的八音班，也面臨相同命運，八音班曾緊密伴隨南客家人的生活，舉凡入屋、做生日、過年、婚喪，無不有現場樂音相伴，像這樣到主人家廳堂吹奏，就有紅包可領，但如今八音班要生存，可真是難上加難。

近幾年有部分客庄恢復傳統拜新丁儀式，且不限定生男丁才能參與，傳統祭儀結合現代觀念，才能在新社會裡走得更長遠吧。

1. 新丁粄雖然是紅色龜粄，但有些地方不做全紅，而是白色為底，中間一段紅色寬帶。
2. 起福、拜伯公、福首，參見 P.160〈請伯公〉。

上：1960年代竹田，李屋伙房「拜新丁」，神桌上放了好大一盤「新丁粄」，旁邊是八音班現場奏樂。
左下：1960年代屏東某個村子，庄民正在合力搭建廟口的棚架，稱為「福場」，準備請伯公做新福。
右下：1960年代竹田，大廟裡的新丁粄，堆得快要掉出供桌外了，兩邊粄上有插了喜氣洋洋的新丁花（仙丹花），每一大盤新丁粄上會貼著戶長的名字（通常是阿公），後面沒拍到的新丁粄不知還有多少呢？

八音班

1964-70
屏東竹田

八音班裡只有一支嗩吶在吹奏，其他人都在打鑼鼓，內行人一看就知道這是客家八音裡的吹場樂，正在奏「大吹」這樣的曲子，這若不是祭典的開始或結束，就是燒金、上香的時刻。

大部分人以為，八音是廟會或喪葬才有的音樂，在南部六堆，這可是大錯特錯的觀念，傳統八音是跟客家人一輩子的生命禮俗和歲時祭儀緊密扣連的。家中重要的行事，像過年、入屋、做生日、結婚、高中、祖堂升座、喪儀，或是神明誕辰、普渡、作福完福，都有八音的參與。

為配合常民節儀，南部八音班以四人編制最常見，曲目則可分吹場樂與絃索樂兩大類，吹場樂由嗩吶與打擊樂器表現熱鬧宏偉的氣氛，常用於開場或迎賓。絃索樂則加入絃樂器，有平和喜悅輕鬆典雅之感，兩種不同的曲目在儀式環節中穿插進行，有帶領儀式和情緒的功能，可說是千百年發展出來的一套現場配樂。

畫面裡的樂器，左邊站著敲的叫大鑼，右邊的是通鼓，通鼓旁邊桌上擺的也是大鑼，但聲音較低沉，桌子左邊樂師左手敲鐏仔（小鈸），右手打丟鑼（座鑼），桌上用木頭架圍起來的叫叮噹仔（小錚鑼），加木框是為了方便邊走邊敲，桌上還有小木棒，是要敲響板用的，但此刻大吹用不到響板，所以沒拿上桌。

客家話稱嗩吶為「笛仔」，請八音班也叫「請笛仔」，可見它是樂隊的靈魂，負責絃索樂的二絃和胖胡此刻被放在桌下及牆上。吹絃索樂的時候，嗩吶手會改吹簫，以使樂音更為多元豐富。

約在 1970 年代之後，農村人口外流，社會經濟變化劇烈的 80 年代，八音漸漸退出婚喪等生活場合，只剩下作福完福和廟會較為常見。

傳統八音班的傳習大多採口傳心授，在「工作機會」漸失的同時，習此藝者當然愈來愈少，現在的客家八音已變成珍貴的文化資產，技藝專精者堪為國寶，當文化消失於常民生活，走進了演藝廳和博物館，也只能感嘆是時代使然了。

1960 年代竹田，八音班正在演奏吹場樂。

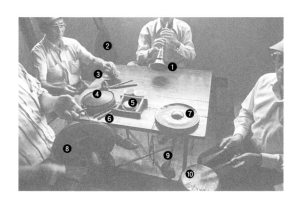

1 笛仔（嗩吶）
2 胖胡（低音椰胡）
3 鐺仔（小鈸）
4 丟鑼（座鑼）
5 叮噹仔（小錚鑼）
6 小木棒（敲響板用）
7 大鑼（聲音比 8 低沉）
8 大鑼
9 二絃（高音椰胡）
10 通鼓

過年个
伙房

1965
屏東竹田

什麼時候大人難得清閒放下手邊工作，和小孩玩在一塊呢？農村的世界，大人和小孩每天從早忙到晚，一年當中，就只有過年期間可以稍稍喘息，1965 年的農曆新年，李秀雲拍下這張妻子徐榮娣（右）和弟媳婦逗著孩子玩的鏡頭，勾起曾經在伙房生活的人們無限回憶。

伙房最大的特色是人多小孩多，這張圖隨便一數就有七個小孩，如果加上沒入鏡的小朋友就更多了。平常小孩子在伙房吆喝成群結伴一起玩耍，踢銅罐、跳格子、揞目藏窟（捉迷藏）……偌大的伙房就像個迷宮，鑽進鑽出，每天有玩不完的把戲。自家玩過了，還會跑到隔壁伙房找玩伴。

伙房平日就充滿著笑聲、哭聲，還有打罵小孩的斥責聲，每到過年，出外工作的叔伯兄弟姊妹回來，加上妻兒小家眷，多了不少新面孔，增添過年熱鬧的氣氛。白天，整個伙房的人嘰嘰喳喳閒話家常，小孩子喜歡人多，玩得特別起勁，又拿到長輩們給的紅包，心情真是樂透了。入夜，每個家庭一起擠在左右護龍小小的廂房內，少則三、四人，多則六、七人。

可是當家的婦女就辛苦了，從年三十除夕到年初二晚上，先是忙著殺雞準備敬阿公婆（祖先）的牲儀，接著每一餐都得張羅伙食，就像辦桌一樣料理所有人的三餐，反倒比平常更忙而沒得休息。

當家的主人也煩惱了，過完年，小孩子要上學註冊，愁著這季的穀價只夠拆債（還債）、豬仔還沒長大賣不到好價錢、菸葉的收成作業尚未完成無法繳了換現……；過年，雖是每個伙房小孩成長最快樂的記憶，卻也是家長最沉重的負擔。

1970 年代，農村人口漸漸外移，個人意識興起，伙房的人不是遷往都市討生活定居，就是到附近找地蓋房子，集體的、勞動合作的大家族型態，逐漸被個別的家庭及房舍取代。沒了哭鬧聲、少了吵雜聲，伙房的人一個個出走，留下一座座空洞的大合院，冷冷清清，少了人的味道，也就不成伙房了。

1965 年春節，竹田李秀雲家的伙房前，大人小孩玩成一團，個個笑開懷。

間肚談寮

1968
屏東內埔

四位上了年紀的婦女在間肚1（房間裡）聊天，椅子不夠，就坐在古老的八腳眠床上，一邊搧著檳榔葉柄做的扇子，一邊說說家常事，這時刻看似平凡，卻是勞動終年的客家婦女，難得坐下來跟姊妹聚談的珍貴時光。

四位客家媽媽，是李秀雲妻子徐榮娣家四姊妹。右一是大姊徐榮妹，右二是最小的徐福娣，左二是排行第二的徐榮娣，左一是排行第三的徐順娣。

從幾張照片的前後關係看來，這應該是大姊徐榮妹娶媳婦，姊妹們來吃喜酒的午後，留下來喝茶的親戚還很多，客廳坐不下了，她們就進房間聊天說話；偌大的伙房，此刻外頭應該是在忙著收拾，大人小孩一片鬧烘烘，這房裡，卻是一片溫馨洋溢。

傳統社會裡，因交通不便和社會風俗，已出嫁的婦女和兄弟姊妹團聚的機會並不多，除了年初二回娘家，就數婚喪二事或老人家做壽才容易碰頭，這樣的日子，是一年中少數可貴的放假日，田裡家裡如山的工作皆可暫時放下，無論如何也要來去參加家族大事、看看新來嫂。

李秀雲拍攝的這個年代，喜宴已經開始外包，更早的時候，採買料理都要主人家準備，桌椅碗筷則向村人借用，那時，姊妹回來可更有得忙了。

夏日午後的房間裡，搧著扇子說什麼呢？說收成、說子女、說勞累、說喜悅，這個年紀的媽媽，經歷了人生的許多風景，她們曾經在同一個家庭出生長大，現在在各自的伙房裡各有家庭，也各有各的喜樂和擔憂，李秀雲捕捉到這一幕屬於女性的私時間私空間，充滿濃濃的伙房「味緒2」。

1. 肚：內、裡之意，比如間肚指房內、屋肚指屋內、山肚指山裡。
2. 味緒：客家話四縣腔的「味道」。

1968 年內埔，李秀雲大姨（右 1）娶媳，妻子（左 2）和姊妹們難得聚在一起聊天。

阿姆
同阿姑

1966
屏東竹田

兩位上了年紀的婦女，在後院端端正正一起合照，左邊是李秀雲的阿姆（母親）曾增妹，右邊是李秀雲的姑姑「阿完姑」。阿完姑本來是李秀雲舅公的女兒，從小過繼給阿公，因此在李家伙房一起生活了很久，後來她嫁到內埔番仔埔賴屋，經常回來竹田頭崙玩。這一天，李秀雲為母親和阿完姑在廚房後面的天井拍下這張親切動人的紀念照。

李秀雲的媽媽已經穿著改良簡化的上衣，阿完姑卻仍是一身最傳統的藍衫打扮：上身是藍色開大襟的棉布衫，下身是約七到八分的黑色烏褲，兩人一致的特點──大手大腳──是自幼經年累月勞動的結果。

藍衫是南部客家婦女的家常服飾，居家、工作、外出都是一身藍衫黑褲；藍衫因衣長及膝又稱長衫，因右開大襟又稱大襟衫；而藍衫之得名，是指布料顏色多為大菁染出來的藍色，耐髒耐洗，經濟實用。

基於大量勞動的需求，傳統南部客家婦女幾乎不穿裙子，而藍衫的設計也以寬鬆易於活動為要，少有裝飾，通常僅在領口、襟頭做滾邊，而袖口飾布稱為「欄杆」，少女多用花布或珠邊，老人家多用黑布或白布，只有新娘禮服的袖子會出現大紅色，以前的人結婚後，會把禮服上的紅布拆掉，讓衣服恢復成一件平日可穿的普通上衣，可見昔時布料是多麼匱乏且珍貴。

藍衫另有個特色是袖口做很長，反折上去用暗扣、布紐或別針固定，有錢人會用金蝴蝶的別針裝飾反折袖口，這個袖口很深，可以當袋子，裝隨身用的物品。

雖然拍的是正面，但是可以想像，阿完姑應該也是梳著傳統三把式的頭髮，就是把頭髮分成上中下三把，然後在腦背上合綁成一個直式的髻，有時會在頭頂上塞一把橫的布卷，用頭髮覆蓋，讓頂上看起來不會扁扁塌塌的，阿完姑頭上有點鼓，或許是塞了布卷。

兩位客家媽媽，把粗糙的大手端莊地放在雙腿上，赤裸的大腳穩穩地踩著地；她們的眼神和姿態裡有一種特殊氣質，那是一輩子照管田地照管全家，所散發出來的母性特質：平和堅韌，篤實動人。

1966 年竹田，李秀雲為媽媽和穿著傳統藍衫的姑姑拍照留念。

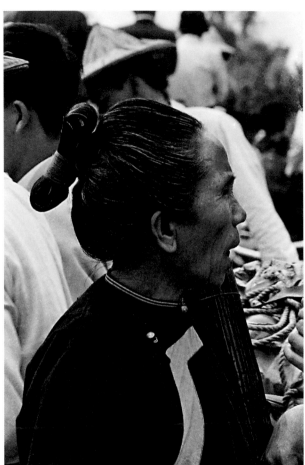
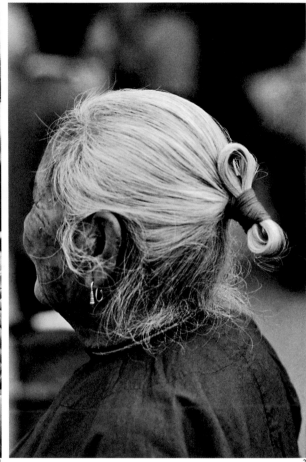

1

2

1960 年代六堆婦女的傳統裝扮

1. 傳統「三把式」髮髻、藍衫、紙傘。

2. 傳統髮髻，老人髮量少，沒有梳「三把式」。

3. 傳統髮髻，加了髮夾固定，滾邊袖口反折至上臂。

4. 過膝的長衫。

3

4

收涎

1981
屏東內埔

胖嘟嘟的雙頰，胸前掛著一串餅乾，這串餅乾多到比嬰孩的身軀還大，任何一個小孩見著肯定羨慕不已，仿如置身在童話世界的糖果屋般，隨手可得，看照片中的大哥哥，一臉好奇想望的樣子，可別高興太早，這餅乾不是給小孩吃的，是要請隔壁鄰家長者享用並收涎用的。

收涎，是民間流傳的古俗，一方面藉著這個儀式收起小孩的口水，幫小孩解除惱人的問題，另一方面也祝福小孩平安長大。

民間習俗裡，不論男嬰或女娃，滿四個月的當天，父母準備牲儀、紅粄（男嬰用）、紅桃粄（桃型紅粄，女娃用）祭祀祖先，外婆家也如同做滿月和做周歲一樣送來「頭尾」，也就是小嬰孩從頭到腳的衣物，包括帽子、衣服、褲子、鞋子、涎ㄚ仔（圍兜兜）以及圓餅，來幫小孩「做四月」。

做四月這天便同時要「收涎」，收涎用的圓餅中間要有個洞，才能以紅線串起來掛在嬰兒胸前，數量要成雙，12 片、24 片、36 片或 48 片皆可。掛好後，母親抱著嬰孩走到隔壁親友或鄰居家，任誰看了就知道這娃兒滿四個月，來收涎了。

通常母親第一個會選擇讓年齡較大的長者來收涎，意味著將來小孩也能像他（她）一樣長命百歲。看到這麼可愛的嬰兒，長者開懷笑得合不攏嘴，雙手拿起嬰孩胸前一片餅乾對半剝開，然後舉起握著半片餅乾的手在嬰孩嘴脣前作抹狀，左右比畫一番，口中念出吉祥話：「收涎收燥燥（乾乾），明年招老弟（弟弟）」、「乖乖會大，大了讀書中狀元」……等等。

我好奇地問長者：「這樣真的就不流口水了嗎？」長者說：「大多數不會了，但會漏胲（流口水）的還是會漏。」若從嬰幼兒發展來看，一般長到滿四月時，口水自然就不流了，但偶爾還是有例外。而收涎古俗的一個重點，應該是在透過這樣的互動，讓鄰居親友一起來為孩子祈福吧！

1981 年，李秀雲夫妻帶著長孫意晏（圖中小男孩）到內埔興南庄賴屋，為女兒玉英的三子賴彥廷「做四月」。李秀雲在賴屋伙房拍下玉英母子接受老人家祝福的溫馨畫面。

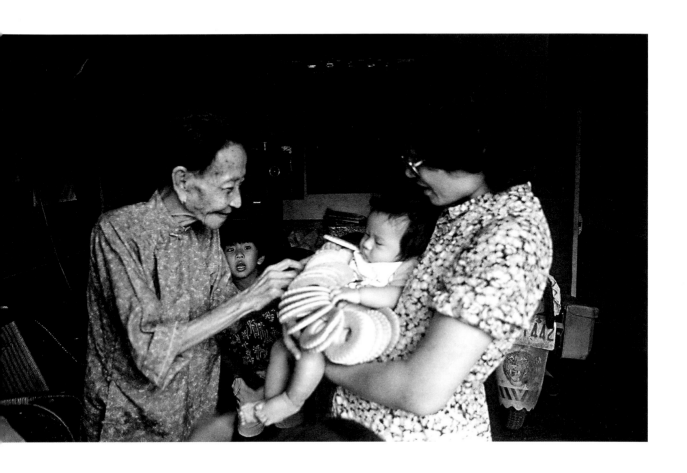

阿婆渡孫

1967
屏東新埤

打著赤腳的阿婆已經上了年紀,一肩扛著水桶,一手還要推「娃娃車」渡(照顧)孫,看到李秀雲要拍她,很不好意思的笑了起來。

水桶看來不挺乾淨,她不是去挑水,可能是家裡的洗米水加上煮過的地瓜葉和番薯,要挑去給豬吃,客家話對這種豬食通稱「汁」,前後各一桶,重量並不輕,兩個小孫子沒人看顧怕生事,就得如此費勁一邊挑一邊推。

傳統客家諺語裡有所謂「四頭四尾」:灶頭鑊尾、田頭地尾、針頭線尾、家頭教尾,分別代表廚房、田地、裁縫、教子的生活領域,婦女們不只生兒育女、負責一家人的吃穿,田裡的生產工作更是主要的勞動所在。男人收工可以休息,女人還得在廚房團團轉,如此忙碌操勞下,小孩子誰看顧呢?當然就是老人家,不然就大一點的孩子。

小朋友坐的娃娃車是手工藤製品,往昔農村各種家常用具如椅子、娃娃車、搖籃,常用黃藤編製,因為通風涼爽輕便又耐用,大一點的鄉鎮就有藤椅店,接受各種訂製,破了還可以拿去補,藤皮的質感色澤和現在南洋進口的不太一樣,耐用度較高,很受客家人喜愛,這台娃娃車假如還在,可是老古董了。

阿婆看到照相機很靦腆,小孩則充滿好奇,很少拍照的農人面對鏡頭總是說:「我這麼辛苦工作,給你照下去,不就永遠這麼辛苦?不要拍不要拍,沒什麼好拍……」就在這沒什麼好拍裡,李秀雲記錄了那個世代阿婆渡孫的樣貌:雖然勞累,但溫馨洋溢。

1967 年新埤,老阿婆邊忙活邊照顧孫子。

搞貓仔

1964-70
屏東

約莫兩、三歲大的小女孩，小小肥肥的雙手捉著貓咪，然後把自己的鼻子湊到牠鼻子上，唉唷！貓咪鼻子溼溼滑滑涼涼的耶，「恁好搞，恁好搞（好好玩，好好玩）！」然後繼續使出百變玩貓法，繼續捉捏拉提推抱甩壓，任憑她怎麼使壞，貓咪就是一點都沒有要溜走的樣子，果然家貓就是這麼好欺負，難怪世上的愛貓人如此之多啊！

這個年紀的孩子有個專屬形容詞叫做「貓狗嫌」，因為他們經常一腳騎到狗狗頭上、用力捉貓咪尾巴、追著公雞跑、隨手拔鵝毛、甚至撿地上大便吃……，嘿嘿，這樣一無所懼「以身試法」，當然連貓狗都怕，畢竟他們其實也還只是處於動物期的小動物呀！

客家話講小孩頑皮好動叫做「綻（can55）」、「番綻」，是甚為普遍的用語，形容男孩就說「綻剁頭」，女孩就說「綻剁嫲」，頭和牯通常指男生，嫲指女性，有時講小公狗頑皮亂咬東西也會用「綻剁頭」，畫面裡喜歡抓狗抓貓的小女生當然就會被老人家斥為「綻剁嫲」了。

李秀雲的長子李國男說，這張可愛的圖片曾經獲選到法國參展，可見人與動物的親暱，是無國界的！

左：1960 年代屏東，小女孩抓著貓咪猛親。
右：一手提貓背、一手抓狗頸，小女孩好開心，貓狗只能無奈任其擺布。

來去讀書

1970
屏東竹田

上學囉！孩子們穿著制服，頭戴帽子，斜揹著書包，成群結隊在晨霧瀰漫的大清早上學去，面對鏡頭，每個微笑的臉龐，透露出那個年代的純真與自然。

1940 年代，李秀雲的童年時代，學童沒鞋穿，也沒有帽子和書包，打赤腳、戴斗笠，用一條洋巾（方形的布）把便當和書斜綁在背上，空下來的兩隻手可以打殺玩耍，回家路上還可撿枯樹乾枝回家當柴火。那個年代，馬路的路面布滿碎石子，孩子喜歡走熟悉的田埂穿過原野，零零星星各自上學；不用下田幫工，可以讀書，已經是莫大的幸福了。

到他拍照的 1970 年，學童身上的裝備都齊全了，還多了筆直的柏油路和燦爛的笑容。當時學校禁止騎腳踏車上學，多數家庭也沒有孩童專屬的腳踏車。剛入學的新生由哥哥姊姊帶著，和村裡的學童在固定的時間、地點集合，每一處皆有高年級的學長姊發號施令整隊出發；步行，是最佳的交通工具。

放學了，一樣是大夥兒集體行動，走到村子才散開各自回家，然後自動自發地幫忙做家事，挍水、搏草結[1]、燒水煮飯、釣蜊仔（青蛙）、照顧弟妹⋯⋯。農村有做不完的差事，每個大人從天未亮就起床忙農事，天黑了才返家，日日做到兩頭烏（黑），在他們眼中，小孩自己上學放學是天經地義的事。

現在的家庭小孩生得少，每個都被細心地保護著，擔心路途上的安全，煩惱治安惡化帶來的人身威脅，上學放學都有爸媽或專人接送，這兩個時段的校門口總是特別擁擠、車水馬龍，還有一個個新設的安親班為孩子填滿放學後的時光。將來，我們的孩子還有可能像照片中的兒童那樣，不需大人陪伴，無憂無慮、開開心心地結伴上學去？

1. 搏 ton11，綁紮成捆。搏草結：將蔗葉、芒草或枯枝枯葉綁成小捆，以便生火。

1970 年竹田，早晨的村道上，大群孩子揹著書包上學去。

磧搖頭仔

1965
屏東竹田

一、二、四！做莊的孩子一掀開碗裡頭的搖頭仔（骰子），圍蹲在旁跟注的孩子們聚精會神地看著地上自己下注的點數中了沒，一旁跪著的小女孩不知押對寶了嗎？數著自己手中剩餘的銀角仔（硬幣），心裡盤算著下回該下哪個呢？一定要贏回來才好呀！農曆春節期間，最特殊的景象莫過於這種「公然聚賭」，從除夕夜到大年初三，大街小巷隨處可見露天聚賭的人潮，連警察似乎也跟著放年假，那時農村大人玩「十二馬力」，小孩就像圖中一樣玩「磧搖頭仔」。

搖頭仔怎麼玩呢？在一塊紙板上畫出六個方格，方格內用圓圈標出一到六的點數，圓圈顏色跟骰子一樣，一四是紅色，其餘是黑色，小朋友把硬幣放在其中一格下注就是磧（zag2），也就是押的意思，等做莊小孩用小杯子蓋小盤子，搖出三顆搖頭仔的數字後，只要有人押對其中一個點數，便以一比一的賠率給下注小孩。一局下來，總是做莊的孩子贏面大，輸了錢的孩子拍拍屁股悻悻然地離開，反正只拿出幾個銀角仔，堂兄姊鼓吹之下湊熱鬧一起玩，不似嗜賭成性的大人，一晚便把這季繳穀換來的鈔票輸光，還鬧得家庭風波不斷。

大人的十二馬力玩法，則是莊家在空地鋪張草蓆，有的還圍起布幕。草蓆上擺一大張畫有 12 個方格的紙，方格兩邊分別寫著紅色的「帥仕相俥傌炮」與黑色的「將士象車馬包」。莊家站在草蓆前，手裡拿著裝有 12 枚棋子的黑色不透明袋子，當他手持小方盒伸進黑袋取棋，再將方盒從黑袋取出放在草蓆上時，人們就開始下注，大家把錢放在各自猜測的棋格上，等一開盤，在旁專門負責收錢的「保力」立刻把押錯寶的錢收走，押對的，以一賠十的賠率付給下注的民眾。

大人們一賭起來總是廢寢忘食、通宵達旦，所以過年期間許多伙房或空地燈火通明、人聲鼎沸，別有一番「熱鬧」氣氛。這種年節露天聚賭的風氣一直延續到 1990 年代末，政府嚴禁公然聚賭才消失不見，沒了這款消遣娛樂，可能有人會覺得似乎少了年節氣氛，但這也為不少家庭省下荷包吧！

1965 年竹田，過年期間，小朋友玩磧搖頭仔，骰子放在醬油碟裡，方格子裡一到六的圓圈點數和下注硬幣清晰可見。

掛米篩

1964
屏東

在傳統婚俗裡,當新娘踏出娘家房門,走向迎娶的轎子時,牽新娘的婦人便拿來畫有八卦的米篩高舉在新娘頭頂上方,等新娘進了轎子,再把米篩繫在轎子後,這張 1964 年的結婚照,汽車取代了傳統的轎子,但米篩一樣綁在車子後方護駕。

往昔轎子到了男方家,男方家族的長者會牽著一個小小男孩,男孩手捧著「茶托仔」(茶盤),上面放著象徵大吉大利的兩顆橘子,來到轎子前請新娘下轎,叫做「拜轎門」,新娘則依習俗把紅包放在茶盤上。新娘下轎時,一樣由牽新娘的婦人平舉著米篩罩在新娘頭頂上方,直到踏入房門為止。

米篩用於婚禮儀式上的典故,據說源自於周公鬥桃花女的民間故事。相傳周公叫兒子向桃花女提親,並刻意選在煞日迎娶,要陷桃花女於沖煞,桃花女察覺周公的計謀,事先在花轎四周繫上附著八卦的米篩,桃花女進花轎後,凶神惡煞全被阻擋在外,周公沒有得逞,桃花女安然度險,這米篩保護新娘的故事就演變成民間嫁娶避邪的習俗。

另外一項風俗是:用米篩表示新娘沒有懷孕,若已有孕,深怕八卦米篩法力太強,傷及胎兒甚至導致流產,權宜之計就用黑傘代替;因此,看新娘頭頂上方是何物,就可辨知有無身孕。早期農村民風保守,用黑傘的情形較少見。

婚後,米篩放在新娘房的衣櫥上,因為孔隙小,又畫有八卦,日常生活沒有再利用的價值,頂多有人結婚時拿來借用,農村社會裡像八卦米篩一樣深富象徵意義卻不具實用功能的器物,還真是不多呢!

1964 年屏東,一戶人家嫁女兒,禾埕上,大家忙著在迎娶的禮車後頭,繫上避邪用的八卦米篩。

阿婆肉
敬外祖

1964-70
屏東

兩位男丁扛著裝有豐盛禮品的「槓[1]」，上頭還吊著一大塊生豬肉，看照片的老人說這是「阿婆肉」，又說可能是「敬外祖」，不論孰是孰非，從豐厚的祭品、西裝打扮和禮車，都可看出洋溢著濃濃喜氣。

南部客家傳統婚俗中，結婚前一天，新郎要送一塊重達 20 斤的生豬肉給新娘外婆，叫做「阿婆肉」。而南客獨有的「敬外祖」，也是那天由新郎父執輩帶著新郎，以槓備妥三牲、龜粄、紅蛋、茶酒、金香紙燭等，在八音班的伴奏下，分別到母親、祖母甚至曾祖母的娘家祭拜祖堂，結束後祭品留下，同時還要祭拜附近伯公、村中主廟，再回家敬內祖，即自家祖先。有些人家較慎重，當晚還會舉行完神[2]儀式。

敬外祖的祭品是熟的，若拜兩代外家就準備兩副熟的牲儀，從畫面看，這生豬肉應該是阿婆肉，但同時又辦這麼多禮品就很難解釋了，推測可能新郎是去敬外祖，同時送阿婆肉。

送阿婆肉，連結了新郎與新娘母親娘家的關係；敬外祖，連結了新郎家族以上二代或三代母系的姻親關係。根據人類學者的研究，這婚俗的表層意義是飲水思源、感念母系家族，深層的意識型態卻是強化父系結構，這些女性以生養勞動、傳宗接代，榮耀了他們的先祖，因此加以祭拜告謝，但他們祭拜感謝的對象不是女性本身，而是以男性為主的列祖列宗。

不論那種意義，這些儀式現都已日漸式微，阿婆肉折為紅包代替，敬外祖在六堆地區只有美濃仍較盛行，往昔農業社會通婚圈較小，敬外祖約半天就可結束，現在若真還要敬外祖，或許要坐飛機了。

1. 槓（cang55）：讀如華語「倉」，是有提樑的長方形箱盒，分大中小三種，大者需穿棍以兩人扛抬，中者一人肩挑兩件，小者手提即可。婚俗中，男方準備聘禮稱「辦槓」，女方嫁妝也是用槓來裝運。「槓」亦用於喪禮或廟會，婚喪中扛槓者多有紅包可拿。

2. 完神：婚禮前一天晚上，正確說法應是婚禮當日子時，於禾埕以牲儀祭拜天公和祖先，又稱「完天神」；有許神才有完神，許神是向天公眾神祈福許願，又稱起神，完神則是感恩還願；完神亦由八音伴奏引導儀式，傳統在子時（即夜晚 11 點至凌晨 1 點）開始，後漸改為在子時結束即可。

1960 年代屏東，一名西裝畢挺的準新郎下了禮車，提著一手酒，跟著抬「阿婆肉」和禮品的人準備送禮。

方桌上貼了「囍」字的木器，就是傳統禮器
——榼。（古秀如攝，2007 佳冬）

新娘間

1969
屏東長治

只要走進昔日六堆，就會看見紅瓦與紅磚白牆的伙房裡，一個個房門前垂掛著竹子編製的門簾，黃褐色的竹片與紅花綠葉的彩繪，融入伙房靜謐樸質的色澤中，極為雅致。

門簾可說是六堆獨有，鄰近的閩南村或中北部的客家合院，少有使用，這是因為伙房每個房間的房門都面朝外，為了隱私及防止蚊蠅和灰塵，所以掛上門簾。門簾由內往外看得清清楚楚，但從外頭則無法看到房內。傳統婚俗裡，媒人帶男方來相親時，女方就靜待在房內觀看外頭動靜，也把將來的郎君相貌看得一清二楚。

除了破損需換新，過年或娶媳婦都會換上新門簾，這張照片的房門掛了新門簾，又加上門簾頭，就知道是「新娘間」（新娘房）了。這門簾彩繪著鮮豔的龍鳳花草圖案，上方是繡有鴛鴦牡丹的粉紅色門簾頭，右邊懸掛一組銅鏡、尺、剪刀、大學和長命草，各有象徵意義。銅鏡相傳是桃花女和周公鬥法時的避邪法器；剪刀和尺，是希望新嫁娘心細手巧，也有一說尺規是祈求將來生的孩子有規矩；長命草象徵夫妻長命百歲；大學是指四書五經裡的《大學》，用一卷紙或一本書來表示，希望日後子孫很會讀書。此外，有些還會加掛繁殖迅速的芋頭葉或蓮蕉花，希望多子多孫，這些植物都要整株連根掛著。娶新娘時，吉祥物大多向鄰人或廟方借用，長命草、芋頭葉則在婚禮當天現採，有的掛個三天，有的掛上一個月，以祈求避邪鎮煞，賜福納祥。

傳統農村少女出嫁前都要學作門簾頭、枕頭布、繡花鞋、蚊帳等，而且大多親手繡上龍鳳、鴛鴦、花鳥等圖案，有的也會加上百年好合、早生貴子、永結同心、花開富貴等字樣。後來社會變遷，工廠繡製品方便又便宜，大家就改買現成的。今天即使已不住伙房，結婚掛門簾頭的習俗仍一直持續。

新娘房的布置，代表迎接新人的到來，婚後，新媳婦要開始適應與原生家族不同的環境，並且很快地就要跟著下田勞動，更被期待要趕緊創造下一代新的生命，這些都是門簾與門簾頭之後的生命故事了。

1969 年長治，伙房要娶新娘了，新娘間掛上簇新的門簾和門簾頭，一片喜氣洋洋。

等食
新娘茶

1968、1964-70
內埔、屏東

伙房的廊仔下（客廳），大家為何整整齊齊面對面坐著？且臉上都帶著欣喜的微笑？原來，他們在等「食新娘茶」，待會兒，新娘就要來奉茶了，這應該是長輩的場合，最前頭的小女孩，八成是來看熱鬧的，想多看幾眼漂亮的新娘子哩。

從前的婚姻多為媒妁之言，雙方家人互不認識，只能透過媒人穿針引線，因此而有「插頭花」、「食新娘茶」等儀式，讓新娘認識夫家親族。

「插頭花」是讓新娘認識男方家族的女性長輩，也是大家盡情欣賞新娘子的好時機。宴席開始不久，牽新娘的婦人挽著花籃，領著新娘為男方女性長輩的髮髻別上鮮花，順序當然由婆婆開始，婆婆的頭花特別大朵，插了鮮花後，受花的婦女會放個紅包在花籃裡。

「食新娘茶」則是宴客結束後，賓客漸漸離席，男方家族血緣較親的親戚長輩會留下來，坐在廊仔下等食新娘茶。待新娘送完客，一樣由牽新娘的長輩領著，新娘手端甜茶一一奉茶。每到一位長輩前，牽新娘的會以新郎的角度介紹其身分和稱謂，新娘很有禮貌地跟著喊一聲，請對方喝茶。長者取杯的同時，會說一些「手捧茶盤圓叮噹，茶杯放在對中央，新娘明年生貴子，早生貴子秀才郎」之類的好話，俗稱「講四句」，有些長輩還會故意講調皮話，逗新娘開心，或引得大家哄堂大笑，製造熱鬧氣氛。

等所有人都喝過茶了，新娘旋即回房，隔一會兒，再出來手捧空盤逐一取回杯子，此時，杯裡一定塞了個紅包表示恭賀，新娘則回贈見面禮，如鞋子、香皂、手帕等等。透過插頭花和食新娘茶，傳統儀式創造了新娘與夫家親友長輩初次會面互相認識的時間與空間，往後見面，就多了一份親切，如此，新嫁娘才算是真正入門，開始了新家族的新生活。

上：1968 年內埔，李秀雲大姨子徐榮妹（左 3）娶媳，家族親友在等「食新娘茶」，以長輩至親優先，然後才輪到平輩和朋友，座位也按輩分排。右起為新郎的外祖母、新郎的大阿姨榮妹、右 4 為小阿姨順妹，右 5 為三阿姨福妹。左 1 為新郎的哥哥盛松，左 3 為新郎的母親榮妹。
下：婚後第 2 天歸寧宴，客語稱「轉門」或「回門」。午宴完畢，換新郎扛茶（奉茶）給新娘家親友。此為 1960 年代屏東，另一對新人歸寧時新郎奉茶的照片，最右邊為前竹田農會總幹事吳阿順，左 2 為前竹田鄉長吳耀華。

紮門簾

1972
屏東內埔

以前六堆家家戶戶都掛竹門簾，美濃、高樹、內埔都有紮門簾師傅，1972 年，李秀雲記錄了內埔番仔埔（興南村）利瑞榮師傅的手藝。

門簾用的是硬度韌度彈性都好的桂竹，多取其中部，且要剛採、新鮮的，利於剖削。竹子買來後依多數伙房的門寬，每段裁成 3 尺 3 長，然後刨皮，以利後續上漆，再依序剖削成竹片、竹骨，竹皮油脂多，比較耐用，竹骨則較輕脆容易斷裂，因此純竹皮的門簾價格較高。竹片、竹骨要再剖成細竹才能編製，同一段竹子要連著紮，縫隙才不會大小不一，因此事先要區隔好，最後將細竹曝晒過就可以紮門簾了。

紮門簾是在編製台上用棉線依序綁結細竹，棉線要先繞在鉛錘上，有重量感才好施作。紮成整張簾後，漆上混松香水的金油，再塗上加熱水的黃粉，製造耀眼的金黃色感。待乾後師傅以油漆彩繪圖案，由上往下，一氣呵成，畫壞了也不能重來，最上頭要預留日後掛門簾頭的空間，畫好後上一層金油，保護竹面和圖案。

最後是「穿帶仔」和「緄身」，兩側加白棉布條裝飾並縫製包邊，以防止變形，避免竹子在掀簾時被折斷或刮傷人。原本內埔喜用黑或紅色包邊布，高樹愛白色，美濃用藍色，後來都改用喜氣的紅布。若包邊破損，家中小孩會把細竹抽去做風箏，這時就得拿給師傅修補了。

門簾成品會拿到百貨店寄賣，也有客人是到師傅家買或訂做。1960 年代，一件門簾成本約 15 元，售價 50 幾元，和公教人員的月薪差不多。室內的門簾可用二、三十年，掛在橫屋（廂房）門口的因為風吹日晒雨淋，最多只能撐三、五年。後來有了機器製品，縫隙大，不做包邊，也沒彩繪，價格雖不到手工的一半，還是少有人買。不過，當伙房紛紛改建洋房，又有便宜耐用的鋁製紗門，手工門簾便逐漸退出市場。

番仔埔這個小村子曾經有五家做門簾的，80 歲的吳庚新老師傅說，最早是他父親吳開雲開始做，他的 6 個小孩也都會，他專做難度高的剖竹篾，孩子則兩人一組紮門簾，以前過年前很多人預訂，一天要趕五、六件。做門簾費工耗時，孩子都不願意承接，同庄也只剩老師傅和幾個第二代在閒暇時偶爾做做，再這樣下去，這個行業就要消失了。

1972 年內埔，番仔埔門簾師傅利瑞榮正在彩繪，圖案以花草、龍鳳、蝴蝶、松鶴等最常見。

手工門簾怎麼做？

1. 剖竹全靠手頭力道與經驗拿捏粗細，同一段竹子的竹篾要捆在一起，紮時好區分。

2. 紮門簾時棉線要用鉛錘固定，由師傅鎔鑄，編製台兩端各 12 個。

3. 竹篾用棉線一支一支編結成簾，高度約 6 尺 7 到 7 尺，視房門高度而定。

庄尾

早在 18 世紀初、康熙 50 年代，屏東平原已經有 13 大庄、64 小庄的分布，時光遞嬗到光復初期，這片沃土數百年來已經密布數不盡的村莊和田園。

南到佳冬，北到杉林，一個個庄頭的空間沿著柵門、吊橋隨著現代火車慢慢延伸出去了，寥寥僅存的幾座柵門，靜靜的圍護著 1960 年代的子民：日日到井邊打水的人們、賣肉賣花的小販，庄外浣衣婦女、釣蛙炕窯的頑童，膜拜有應公的女郎；歲時祭儀裡的新年、作福、掛紙、打醮，在每個庄頭依序上演。

彷彿，在這些定格裡看到了廟裡香火繚繞，聽到了肉販吹螺聲，聞到了孩童炕窯的番薯味，觸到了清晨河水的冷冽。

西柵門

1964-70
屏東佳冬

佳冬是六堆最南端也是唯一濱海的鄉鎮，客閩聚落各約一半，發祥地六根村保留了較多遺跡，古老的西柵門始建於清嘉慶年間，經歷代重建且倖免於戰火，李秀雲記錄了它的高牆遺跡和牆內彎曲的街道。

佳冬緊鄰閩南、排灣和平埔，族群關係緊張，建庄之初，種莿竹、築土牆、挖壕溝、立柵門，防番抗敵以自禦。當年四向柵門中，東南兩門因築路被拆，北門改建，獨西柵門保留舊貌，今為縣定三級古蹟。

門樓上的褒忠二字與六堆發展密切相關：康熙末年的朱一貴事件，威脅屏東客家聚落的生存，各庄士紳於內埔聚議，緊急糾合各地大小庄共萬餘人，編為前、先鋒、中、左、右、後六支義勇隊以衛家鄉，時稱「六營」，亂事平定後清廷褒頒「懷忠」，並命閩浙總督於竹田西勢建忠義亭祭祀義民，鄉民後將六營改為六堆，成為常設鄉團組織。六堆組織在乾隆年間的林爽文事變再次發揮保鄉驅敵功能，事後乾隆皇帝封賜「褒忠」二字，據統計，後來臨摹散發的褒忠匾額多達56張，匾額掛哪裡呢？當然要鐫刻在高高的柵門上，既面向閩南和番村以誇耀示威，也意味著村莊受皇帝題字保護，不可輕易侵犯。

1895年日軍從枋寮登陸，六堆各軍在西勢忠義亭共誓抗日，左堆（佳冬新埤）在總理蕭光明帶領下，鎮守這四個柵門，雙方在東柵門的蕭家步月樓激戰，史稱「步月樓之役」。日軍火攻砲轟取下六根，義軍轉移到長治，又有「火燒長興庄」之役。屏東攝影家劉安明的祖父是萬巒五溝水人，參與六堆義軍，當時被調往佳冬支援，佳冬失守，轉戰新埤，從此失去音訊，祖母恐日人秋後算帳，遂攜稚子舉家遷離五溝水，劉安明的小口述，見證了這段大歷史。

後人的山歌這樣唱著：「一出北柵心惶惶，日本打來火燒庄，人人逃難愛趕早，免得打死在路旁」，「一出西柵豬仔羊，看見敗庄盡荒涼，從前做戲鑼鼓響，如今六畜走入庄」。如今，竹林壕溝土牆不再，外敵與日軍早已消失，只剩下古老的西柵門，陪伴我們翻讀歷史。

上：1960年代的佳冬西柵門，右邊卵石紅磚砌成的護牆保持完好，門內彎曲街道和傳統建築清晰可見。以前，門樓屋架下約2公尺半處設有夾層，庄民可以在這裡透過門額兩側的槍眼，觀察柵門外的景象。
下：李秀雲後來又拍了這張西柵門，左牆已經整建。今日右牆舊貌已消失。

東門樓

1964-70
高雄美濃

美濃開庄於 1737 年（乾隆 2 年），先民依傍著美濃河建立了現今的永安路老街聚落，庄外以莿竹林包圍防番入侵，竹林開有東南西北向四柵門以供進出，故今仍有西柵門南柵門之地名，但獨留東門樓見證了開拓史。

東柵門是 1755 年（乾隆 20 年）改建為城樓，關於建城樓，除把守水口、防禦外族攻擊掠奪外，地方另有堪輿傳說：美濃山系有如筆架，中圳埤（今中正湖）有如墨池，建造東門城，有如筆橡，可將文氣從素有文筆鋒之稱的大武山引來。這個傳說後來為美濃文人輩出提供了風水觀點的解釋。而據學術研究，美濃東門樓是全台灣無城牆隘門中最大的門樓。

1895 年東門樓在抗日戰役中遭到砲火摧毀，日人在原址建造具有警報功能的三層鐘樓，做為監視哨。1950 年，地方集資將二樓以上改建為龍閣鳳橡現貌，於閣樓上供奉文昌帝君，並重新嵌置仿竹頭角庄民黃鑲雲高中進士時所題之「大啟文明」牌匾，他是六堆第一個進士。

李秀雲留下了 1960 年代的東門樓身影，現在若從他所拍攝的位置望去，已經完全看不見美濃山了，小姊姊牽著弟弟，走在這條先人巡邏報時的打更路上，也走進東門樓兩百多年的歷史裡。

上：1960 年代的美濃東門樓，遠方，逶邐著蒼翠的美濃山。
下：東門樓前的庄頭伯公，與東門樓一同見證美濃永安老聚落的發展。

昌黎祠

1964-70
屏東內埔

內埔天后宮旁的昌黎祠,是全台唯一主祀韓愈的祠廟,也是六堆士紳延師講學、培養後進、追逐科舉功名的地方,昌黎祠不僅延續了廣東原鄉的韓文公崇拜,也彰顯了客家人崇儒重道和對求取功名的渴望。

被尊為唐宋八大家之首的韓愈,因諫唐憲宗迎佛骨遭貶至潮州擔任刺史,雖只在那裡停留短短八個月,卻不因流放南疆而棄政事不顧,他關心農桑、祭鱷除害、釋放奴婢,而且最重要的,是勤力興學。

韓愈「出己俸百千,以為舉本,收其贏餘,以給學生廚饌」,他幾乎把薪俸全捐出來辦學,並特別聘請比他早很多年就進士及第、卻在家韜光養晦的趙德來督辦州學,這些決策意義重大、影響深遠,在優秀人才的領導下,潮州文教提升,代有賢人,內埔昌黎祠也因此副祀趙德。

而唐宋的潮州疆域到底涵蓋哪些地方?東到泉州,北到江西,南至大海,西到惠州,包括了揭陽、饒平、惠來、平遠、程鄉、大埔、鎮平、永定、南靖等地,而程鄉就是後來的嘉應州,是很多內埔人或六堆人的原鄉,無怪乎韓文公之崇祀隨海來台。

廣東潮州韓文公廟始建於南宋,目前所見主體為明清建築,是中國大陸現存最完整、歷史最久遠的韓愈專祠,而內埔昌黎祠,一說在 1803 年(清嘉慶 8 年)隨媽祖廟同建,另說在 1827 年(道光 7 年)由武生李孟樹推動興建。

建昌黎祠的一大目的是科舉晉身,有了學堂,還需要盤纏,為了資助考生前往外地應試,六堆人士還發起募款購地六甲餘,以每年歲收穀物所得之利,補助六堆考生赴福建鄉試或上京考進士之用,這就是 1829 年(道光 9 年)成立的科舉會。

1973 年,昌黎祠被列為國定三級古蹟,但 1977 年因賽洛瑪颱風嚴重受損,重建時改用鋼筋水泥,古蹟資格遂被撤銷;李秀雲拍到的,是重建前的珍貴模樣,旁邊還有機車載著一大捆甘蔗葉準備給牛吃呢。

1960 年代內埔昌黎祠,此時建廟已 150 年上下,門樓左右的屋頂略有缺損。

昌黎祠現況,左邊緊鄰著的天后
宮,和昌黎祠一樣古老。(古秀
如攝,2011)

圍龍屋

1964-70
屏東內埔

伙房是客家人主要的傳統民居，在六堆一般以三合院或四合院的方正格局較多，鮮少有圓式圍屋，坐落在內埔和興村的曾屋伙房，是南部罕見的半橢圓形圍龍屋。

圍龍屋是一種環抱式建築，被列為中國五大民居特色建築之一，歷史上始見於唐宋，興盛於明清，平面可分為同心圓形、半圓形、方形、橢圓形，這種設計最原始的目的是防禦和展現客家的風水倫理觀，知名的福建土樓就是易守難攻的同心圓形圍屋，關起大門可自給自足，生活一無所缺，連學堂都有。

曾屋伙房先祖曾簡文來自廣東嘉應州蕉嶺興福，1880 年（光緒 6 年）興建時，模仿家鄉老宅，以防禦機能為主要思考形式來砌建，據說當時請來地理師，擇定此一適合屋主的蝦形地，以蝦身較高處建屋，蝦腳較低處建道路，所以成了由南向北漸次升高的屋場。

這圍龍屋裡外共三層，占地八分（相當於 7,760 平方公尺），在六堆地區算是面積非常龐大的伙房，以祖堂為中心，橫屋外又有圓弧狀橫屋層層包圍，大門厚重結實，上下都有槍眼。門外原有面積一分大的半圓池塘，現已填平，原始的曾屋整體看來有如太極圖案：陸上房屋是陽，屋前池水是陰，陰陽化生，代代不息。早期圍龍屋的四周植有莿竹林，以防外侵，人口最旺時住了 30 幾房一百多人。

由於興建時曾家先祖不曾入朝為官，因此建物呈現一般農家樸實無華的面貌，無雕梁畫棟，也無繁複裝飾，但各種生活空間功能俱全。

近 20 年來，隨著生活型態改變和分家，曾屋多處改建，圍龍屋形式已不復完整；而內埔老街的林屋伙房是六堆另一少見的大規模圍屋，同樣面臨各房改建的命運，或許再過一些時日，在台灣只剩下文物館和李秀雲的照片，能夠看到南部的圍龍屋了。

上：1960 年代內埔曾屋遠眺，獨特的三層圍龍屋結構，清晰可見，只是早年的莿竹叢，多已變成檳榔林了。
左下：圍龍屋內部圓弧形的家屋，蓋圓弧屋頂是較具難度的建築技術。
右下：入口大門，在上圖右側兩株檳榔樹中間可見。因是入口，門板厚重結實，一關上門，防禦功能良好。

打井水

1965
屏東潮州

水井邊，一個婦人家拉動吊桶的繩子，把已經汲滿水的水桶升上來，小女孩彎腰用力接過水桶，地上還有兩個空錫桶，正等著裝水呢。旁邊一個來挑水的婦人，扁擔還沒放下，盯著李秀雲的鏡頭直看。

自來水還沒普及的年代，大武山下的屏東平原靠溪流或湧泉提供飲水、灌溉，沒有水源就挖埤塘儲水或鑿井挑水來用，因此，伙房邊、廟埕前、街頭路尾，四處都有這種凸出地面約一公尺高的圓形水井。

挑水時，大人用一根扁擔挑兩個錫桶，小孩子則兩人合力抬一桶，來來回回直到把家裡的水缸裝滿，挑水很辛苦，因此人們非常珍惜用水，煮水炒菜時一瓢一瓢地舀、洗澡只用半桶水、洗菜洗臉剩下的水拿來澆菜、洗米水用來洗鍋碗瓢盆……，從不浪費。

並不是每個水井都有吊桶或轆轤，也有純靠人力的，特別需要技巧，錫桶用長繩索繫著，手握繩索，往井裡丟下桶，當錫桶碰到水面，手甩一下繩索，使錫桶傾斜一側往下沉，嘩啦啦裝滿水後，再雙手慢慢往上拉。不熟練的，甩很久也未必打得到水，要是繩索脫鉤了，或不小心連繩索也掉進井裡，還得拿綁著鐵絲勾的長竹竿把水桶撈起來。

每天都得打水，公共水井邊來來往往都是熟悉的村人，若出現生面孔，準是哪家新進門的媳婦出來挑水了。有些村子會在井邊整理出平坦的空間，擺放石塊供婦女洗衣，到井邊總要八卦一番，這裡就成了訊息交流中心，哪家雞被偷了、誰家的兒子昨天當兵去了……。住在附近的小孩常吆喝著到井邊玩耍，在井口探頭往井底大聲喊叫，光聽井裡回音便覺有趣，頑皮一點的，拿了小石塊往井裡頭丟，咚咚咚咚，大人見狀一定斥責幾聲，小孩聞聲轉頭一溜煙就跑。

後來，許多水井加裝了手壓式幫浦，手一壓，水就跑出來，省去了打水的麻煩。電動馬達出現之後，更是完全不需使力，水從地底下抽到水塔，經由水管直接流到各家廚房，人們再也不用到井邊打水了。從此，水井有的被填補剷平，有的荒廢在一旁，有的加蓋封起來，不管命運如何，它們曾經供應了好幾個世代與土地生命的養分呢！

1965 年，潮州一個小村子的公共水井邊，大家先後來這裡打水。

大圳洗衫

1968
高雄美濃

一提起美濃，沒有人不對它的山脈、水系留下深刻的印象，這緩緩流經整個美濃平原的獅子頭大圳，供養原本貧瘠的土壤，奠定稻作和菸草輪作的基礎，徹底改變了美濃人的命運。

獅子頭圳完成前的美濃，依著美濃河建庄，1738 年（乾隆 3 年），村民引荖濃溪水自力開鑿龍肚圳，分走了里港、鹽埔一帶的水源，為了引水而互相鬥毆甚至打官司的事件，時有所聞。

1910 年，日本政府在美濃與六龜交界處鑿山越域引水，在荖濃溪上游興建「竹子門發電廠」，成為南台灣第一座水力發電廠，同時興建總長達 60 餘公里的獅子頭大圳，承接來自電廠發電後所排放的餘水，圳路密密麻麻流遍整個美濃。接著，又著手整治下淡水溪，建築龜山堤防與龜山圳，官方色彩濃厚的私人企業三五公司在此區開設南隆農場，本地雇工不足，還大量從北部客庄招佃開發南隆地區。

就在這兩大水利工程的建設下，美濃夜間燃起了光明，開始了電氣化的時代，原本洪水肆虐、礫石滿布的河床沖積地，經由農人粗厚滿繭的雙手整耕，變成一坵又一坵的美麗良田，稻作的生產由一年一期提升為一年兩期，美濃也成為當時旗山郡最大的稻米生產地。

獅子頭圳不僅滋養作物，也是人們日常生活的重心。水圳兩旁的水泥斜坡設有階梯，階梯上擺著洗衣用的石塊，洗滌相當方便。看圖中婦女沿著圳邊的階梯洗衣，排列整齊，斜坡上還有提著錫桶排隊等候的女孩，與河邊順著水文洗衣的景致（見下篇）大為不同。夏日，這裡是孩子們戲水的最佳去處，失意的青年也會坐在圳邊望著圳水獨自沉思……。

這圳水，與靜謐的美濃相依百年了，迄今人們仍仰賴它來灌溉，偶爾還有婦人在圳中洗滌。都市小學鄉土教學的遊覽車一車一車載來滿是好奇的學童，吃驚地看著圳裡戲水的小孩，怎麼會有如此快樂的天堂？對這生命之水、記憶之根，篤實的村民只希望它能供養這塊土地一個又一個百年。

1968 年美濃獅子頭圳，婦人女孩在圳溝兩側洗衣，圳路筆直，洗衣的人一眼望不盡。

河壩脣
洗衫

1960 年代
屏東內埔

夏日清晨，剛露臉的陽光特別耀眼，把河面照映得波光粼粼、閃閃發亮，河壩脣（河邊）婦女個個捲起褲袖，踩進水裡彎腰洗衣，忙碌的一天就在旭日初昇的東港溪畔揭開序幕。

這是 1960 年代的東港溪，河面寬廣而清澈。村裡的婦女天未亮就趕緊撈起全家前一天的衣服，裝進竹籃或錫桶，提往河邊清洗。老一輩婦女說，以前的衣服多為棉製，少有易乾的尼龍或絲製品，而伙房晒衣空間有限，若是當晚洗好卻沒有足夠的地方晾，衣服容易長黃斑，因此，一定要在一大清早洗衣，洗完即可立刻晒在陽光下。

來到河邊，把拖鞋放在岸上，捲高褲管、挽起衣袖，走到平日自己放置使用的石塊前，一邊洗衣，一邊加入婆婆媽媽說長道短的行列，因為清一色都是娘子軍，不搭不七的話語、別人的家務事……，都在這裡流傳，瞧！最左邊兩位，講得正起勁哩。大家也在這個時候喬定換工的日子，或者交流客家粄食的製作方法。如果洗衣用的不是自己搬來的石塊，「主人」來到了，就算衣服還沒洗完，也得起身讓位。

她們都站立河中、面向河岸洗衣，這是南部客家婦女獨有的方式，與閩南人蹲在河邊、面向河流的方式不同，據說是早年閩客械鬥嚴重，客家婦女為求自保，以此可隨時監看岸上情勢，免於腹背受敵。

婦女們用的洗潔劑是最天然的野生植物，有目浪子（無患子）的果實、金剛霸藤（鴨腱藤）的藤身、苦茶籽榨油後的殘渣所製成的茶箍、鴨屎卵袋（木鱉子）的地下莖等等，除了茶箍要購買外，其餘都是從山上野地採取，除了洗衣，也是洗澡洗頭洗臉的清潔劑。

幾百年來，不計其數的先民習慣在河裡洗滌，溪水依舊清澈見底。後來，有了洗衣機，婦女們不再需要用雙手揉搓衣物，但短短不到數十年，工廠及家庭廢水、化學農藥、大型養豬戶的豬糞……全都往河裡傾倒，河水如毒水，沒人敢靠近。生活方式的改變，加上土地的過度利用，美麗的東港溪畔築起一道高聳又厚實的水泥堤防，名為治水防洪，可是人們再也無法如此親近這大河了。

1960 年代內埔東港溪畔，十名婦人家一字排開在洗衣，身朝溪岸站著彎腰洗，是南客婦女獨有的方式。

洗衫个 細阿妹仔

1964-70
高雄美濃

清晨的美濃田野，水氣氤氳，天剛微亮的晨光裡，做姊姊的拎著一家人的衣裳到水圳邊，跟一堆伯母阿姨或年齡相仿的同伴彎腰搓揉，洗好了，衣服盡量扭乾些，籃子才不會那麼重，回家晾晒後，還要照管弟妹起床穿衣吃飯，自己才能匆匆上學去。

美濃婦女的田事負擔普遍很重，不輸一般男人，洗衣服的勞務通常由女兒為媽媽分擔，大約在國小二、三年級，女孩們就會開始跟著母親到溝邊洗濯，再不久，就可獨挑大樑，一件一件，洗、刷、漂、扭，靠著小小的手，洗淨全家人的衣裳。

洗衣服外，還有數不盡的繁瑣家事得忙，農家的女孩是媽媽的得力幫手，看顧弟妹，照管牲畜，劈柴燒火暖水（燒水）挑菜洗菜煮菜，還得盯弟弟妹妹寫功課。

沿著鐵軌，穿過一大片茫茫田野的路上，她想著什麼呢？許多女孩子讀完國小，或許就不能再升學了……，能讀到初中的，下一步又是什麼呢？每天中午，她的便當盒會寒酸得不敢見人嗎？總是撿別人用過的制服鞋子書包，是否已漸不能容納發育中的身體？

這一季家裡的稻子或香蕉，會再被颱風颳得血本無歸嗎？家裡小孩這麼多，爸爸又要開始為下一期的學費發愁了嗎？等一下上學的路上會遇到那些討厭的傢伙嗎？而假如，沿著腳邊的鐵軌坐火車出去，最遠會到哪裡呢？

快遲到了，不想這麼多了，腳步，再加快些吧！

1960 年代美濃，一個穿著制服的中學女生，挽著剛洗好的一家人衣服，快步返家。

河壩脣
洗鑊仔

1970
屏東內埔

河畔，一個傳統裝扮、梳著「三把式」髮髻的客家婦女，捲起了烏褲、扣起了長衫下擺、挽起了衣袖，雙腳浸泡在水裡，彎腰低頭專注地刷著鍋底，燒過爐火的鍋子（客語稱鑊仔）已凹凸不平，這是三餐必用的廚具，鍋底惱人的炭煤，要趕緊刷乾淨才行！岸邊擺著兩塊洗衣的大石頭和一桶衣服，準備待會刷完鍋子就洗衣吧！

早期農村家家戶戶每天都要挑水儲存在水缸，洗衣洗鍋子用水量大，多半直接帶到河邊清洗。照片中左下角放著一盤「火灰」，是灶下柴火餘燼，具有鹼性成分，清潔油膩的鍋碗瓢盆，非常好用。

火灰的清潔效果，還可以發揮在料理上。每逢雨後，蝸牛一個個爬出來，人們撿拾回家敲碎，將殼去掉再用火灰洗淨蝸牛的黏液，肉切塊加薑片、蒜頭、七層塔（九層塔）快炒，美味無比！

除了當清潔劑，火灰也是閹雞之後雞隻傷口的消毒劑，把火灰及苦茶油一起攪和，塗抹於傷口處即可。苦茶油具有癒合的功能，火灰是木柴經過高溫燃燒殺菌的殘燼，火灰加上苦茶油，就能附著在傷口上了。

刷洗鍋子的用具來自天然的竹刷、禾稈、木賊、棕刷、菜瓜布。竹刷是利用竹子加工剖細晒乾製成；禾稈是稻禾脫穀後晒乾而成；木賊為一種特殊的蕨類，取其枝條製成鍋刷，枝條上的條狀溝槽容易刮除汙垢；棕刷是由棕櫚葉鞘的纖維製成，這也是掃把、簑衣、枕墊、床墊的材料來源；菜瓜布則是農家自己種的絲瓜老化、晒乾後的自然產品。

沒有塑化產品的年代，農村生活用品皆由大自然取得，用盡腐朽了，就回歸大地，生活也許不及現代便利，卻充滿著與環境和諧共存的無限智慧和巧思。

1970 年內埔，一名傳統裝扮的婦人，在溪邊用火灰使勁刷鍋子。

買花

1968
屏東竹田

戴著斗笠的婦女騎著老式載貨的腳踏車，貨籃上裝滿了美麗的花朵，她有可能是來到了村莊的廟口，或是庄頭的中心，兩名婦人家正在挑花，李秀雲拿起相機拍下這家常的一幕，賣花人開心的笑了。

南部的客家人向來愛花，不管是家中祖堂的祭祀，還是敬天公、伯公、三山國王廟，經常以盤花祭拜，所謂盤花，就是以香花或各色鮮花及部分綠葉，透過巧思設計擺放出一種美感，常以兩盤為一組，敬獻給祖先或神明，這是南客特有風俗，北客則常用插花或獻香花。

盤花最常用的材料，香花類有玉蘭、含笑、山馬茶、夜合、緬梔，色花類以仙丹、雞冠花、圓粄花、菊花、芙蓉、薔薇、玫瑰、蓮蕉、朱槿、木槿、美人蕉、蘭花、向日葵為多，綠葉則常用龍柏、樹蘭、七里香、變葉木等。色花類最常用的是仙丹，在矮種仙丹未出現之前，許多人家的院子裡種有高腳仙丹，橘紅豔麗的花朵，為神明桌帶來喜氣洋洋精神奕奕的視覺效果。

這些花材都是客家伙房前後院的常見植物，也就是說，做盤花的媽媽們隨手就可從庭院裡擷取花材製作盤花，反過來說，也或許是為了製作盤花，家戶都喜種這些植物。而拜過的盤花並非廢物，有些老人家，會把盤花晒乾分給大家洗澡淨身，據說有保平安和收驚的效果。

照片裡的婦女買的是菊花，而且帶著長梗，可能是要插瓶花之用，像這樣花錢買花而且插瓶花的機會並不多，有可能是遇上大節日了，才有人載著花兒兜售；也說不定是家裡菊花種得少，所以要買回去做盤花。

廣場右後方的屋子是典型的穿鑿屋，走廊上有竹桌椅，左邊有一個寫著「消」字的水泥池，那是專門泡穀種的「消毒池」，最早是在河邊浸泡穀種，後來發明出一種藥水，可以使穀種較具抗菌力，因此製作水泥槽來泡，消毒池常設在大溝旁，以便取水放水，這門前溝小小的，很是令人疑惑，或許是旁邊還有沒拍到的水圳吧。

1968 年竹田，兩個婦人家在向流動賣花小販選花把。

賣豬肉个
阿宗哥

1968
屏東竹田

豬肉小販騎腳踏車吹著海螺四處賣豬肉，曾經是再熟悉不過的農村場景，令人意外的是，這位在 1968 年被李秀雲拍到的豬肉小販阿宗哥，已經在竹田頭崙賣豬肉超過 40 年，現年 73 歲，要叫他阿宗伯了。

他本名吳正宗，內埔鄉美和村人，家族三代都賣豬肉，父親和哥哥分別在本庄和竹田鄉的竹田賣豬肉，為了避免互搶生意，1963 年起阿宗哥固定在頭崙賣。且因員警說不可以跨鄉鎮賣，便把戶籍遷來頭崙，一賣就是到今天。父子三人各有一支海螺，海螺買來後鋸斷一小截尾尖，利用鋸開的圓孔吹氣，年輕時牙齒都是真貨沒縫隙，吹起來特響。

以前大家都窮，豬肉貴，又沒冰箱可冷藏，所以消費量不大，小販一天通常賣不到半隻豬的量，因此阿宗哥和父兄共分一頭豬來賣，阿宗嫂除了在家做裁縫外，還醃製臘肉、香腸和手工肉丸。頭崙庄頭大，有五百多戶人家，賣豬肉的有七、八人，村民都有固定交官（交易）的小販。大清早，小販把現宰豬肉放在腳踏車後座的木箱上，籠頭吊掛著豬頭及豬肝等內臟，騎到村子某戶人家前的空地停駐，吹起海螺，每個小販吹的聲音不同，村民都認得出來，便會循聲來買。

彼時的農村，還有一些行業沒有店頭，一樣靠著腳踏車踏遍各個角落，利用各種聲音告知自己的到來：「ㄆ一ㄚ一ㄆ一ㄚ一ㄆ一ㄚ」鐵片響板撞擊的響聲告訴村民，家裡有水缸鍋子要補的可以拿出來呦！「哩哩嘍嘍哩哩嘍嘍」錫罐聲，是賣布的來了；賣豆腐的銅鈴聲「拎拎拎拎」在街尾響起；「Do-Re-Mi-Mi-Re-Do-」吹奏固定音符的直笛聲，是提供到府閹雞閹豬的服務；還有賣魚的、賣粄的，就用高亢的嗓音叫賣，小販停駐的定點，總會引來一群村民買東西順便聊上幾句。

時代在變，這些流動小販早已被固定的商家、超市取代，頭崙只剩阿宗還在賣豬肉，也只有老顧客老人家會向他買。雖然年紀大牙齒不好幾乎不再吹了，但海螺仍好好保存著，幾年前六堆客家園區展示李秀雲照片，請他吹給大家聽，老朋友開玩笑說：「屁股眼要塞緊，才吹得大聲呀！」村民也常請他在街上吹吹，好讓大家懷念那個年代啊！

1968 年竹田，豬肉小販阿宗哥騎著腳踏車來到頭崙村，吹起「嗚——嗚——」長長的、低沉而響亮的海螺號角，大家一聽，就知道「歕角的來了」、「賣豬肉的來了」。

2011 年，阿宗仍在頭崙賣豬肉，只是斗笠換成鴨舌帽，磅秤取代了老秤砣，這海螺，也是很久沒吹了。（古秀妃攝）

牽豬哥

1971
高雄美濃

美濃山下，一位中年男人牽著豬隻，走過霧氣瀰漫的田野，模樣看似悠閒，事實上，他是農業社會最容易被嘲笑、輕視的「牽豬哥」。

在農業時代，幾乎家家戶戶都以養豬當副業。養豬不是為了自家三餐或節慶時的供品，很少養豬是自己吃的，而是用來補貼家庭經濟。當家裡急需用錢，例如生病醫療、結婚嫁娶、特別是小孩的註冊費用，就會把養大的豬隻賣掉換取現金，這是農村社會很重要的收入來源。

通常，小豬養到斷奶後就賣掉，先賺些現金使用。小豬養大要一年左右的時間，豬隻愈大食量愈大，中間如果因病死亡可就不得了了。在一些小說情節裡常看到因為豬隻死亡而造成家庭受創的悲劇，因為那代表著難以彌補的巨大損失。

以前農家看天吃飯，有時候人吃飽都有問題，因此豬隻的食物來源除了很有限的餿水，就是番薯葉、地瓜這些雜糧，食物有限，豬隻成長緩慢，家戶養的數量不多，也大多養母豬以利繁殖，就算有飼養公豬，也會把牠閹了以便成長更快速，因此，母豬的配種繁殖，就端賴牽著公豬到府服務的「牽豬哥」來完成了。

當母豬走醒（發情）時，主人就會請牽豬哥的把公豬帶來，1960 年代的台灣農村，沒有機車也少有腳踏車，牽豬哥的揹著豬哥袋、手持棍子，從自家把公豬趕出來，一路徒步前往主人家。配完種，主人送一斗米當作工資，牽豬哥的將米裝進豬哥袋，如果沒別家母豬要配種，就原路原樣回去。

1970 年代有了摩托車，就用摩托車拉著俗稱 li-ia-ka 的兩輪板車，上頭載著特別訂做來裝單隻公豬的鐵籠，大大縮減了往返時間。

後來，隨著獸醫的發達，為豬隻採行人工授精、品種改良等技術的進步，以及大型養豬戶自己飼養公豬育種等等的變化，「牽豬哥」這個行業，最終走入歷史了。

1971 年美濃，牽豬哥的帶著他的黑色大公豬，要去為農家母豬配種。

請伯公

1964-70
屏東竹田

彎彎曲曲的田埂路上，一行人執旗扛轎，嗩吶和絃仔的聲響，為這個小小隊伍增添了熱鬧，他們不是迎神遶境，而是去邀請村裡各處伯公入轎，到庄頭的大廟和大伯公齊聚後，村民將準備豐厚牲儀，對伯公祈願或感恩。

最常見的請伯公場合是每年春秋兩季的作[1]福和完福。作福又稱起福、許福、起新年福，完福又稱還福、圓福、做滿年福，據學者研究，這是中原傳統春祈秋報的社祭，就是以村莊為單位的祈福還願祭儀，在六堆地區，幾乎每個客家庄頭都保存了這個古老祭儀，通常在正月元宵前後起福，農曆十月半後完福，有起有完是最標準的，但有些庄頭已演變成只有單一起福，或單一完福，或是一年作福兩次。

像李秀雲的故鄉頭崙就比較特殊，一年作春秋兩次福，分別在農曆二月初二和八月初二，沒有完福。而隔壁庄南勢、西勢，則分別在一月十三、一月十五起福，十月十五、十一月十三完福。按照稻苗的高度和人們的衣著，推測這應該是頭崙在八月份的作福。

請伯公的程序是在作福或完福前一天，由福首帶領村中男性長輩，及本庄的伯公主神，在八音班的伴奏下，前往村中四周各伯公壇，在各伯公前拜請並說明來意後，通常以取一根香插到轎中香爐代表迎請完成，隔天下午的送伯公亦然。請來伯公後，傳統的隆重儀式是結壇、拜天公、行三獻禮，但現代很多庄頭已經愈來愈簡化了。

請伯公是男性專屬的工作，所以畫面裡看不到半個女人，隊伍綿延了這麼長，是因為村中老人家多半會來參與，尤其 60 歲以上就叫做「老壽」，作福或完福的中午，福首會在伯公前宴請村中「老壽」，以示慶賀和敬意。有些村莊範圍較大，請伯公一請就十幾位，這可是要走好遠的路，把整個村子都給繞遍了。

1. 客語的「作」有建立、創造的意思，如「作壇、作埤頭」，發音與「做」不同。

上：1960 年代竹田頭崙村「作福」請伯公的隊伍，在八音班的伴奏下，要去迎請村內各伯公入轎。
下：請伯公隊伍在伯公壇前焚香迎請，儀式完成，就在轎中香爐內插一支香，代表伯公入轎了。

弄獅仔

1964
屏東竹田

在李秀雲的家鄉竹田頭崙村，每逢農曆過年期間，就有一支小孩子組成的舞獅隊挨家挨戶增添歡樂和熱鬧的氣氛。

這支舞獅隊，平日由大人利用晚上時間訓練，到了除夕這天，這組人馬便開始在村裡「弄獅仔1」，村民們依例會給個紅包討吉祥。鄉間家戶相距較遠，孩子要走一段路程才能抵達下一個伙房，因此，通常在第二天年初一就到都會地區屏東市，一間一間櫛比鱗次的商家，讓舞獅隊很快地賺進一個又一個紅包。就這樣表演到年初三，孩子們把賺來的紅包錢扣掉幾日往返的車資、餐費、租用舞獅的道具費用，剩下的平均分配，就是今年掙得的零用錢了。

除了舞獅隊，「吹笛仔」隊伍也會來拜年祝賀，他們至少吹奏三首曲子：百年春、壯年拜祖、福祿壽，來表達新年歡喜的氣氛。

有些村落，除了如舞獅和吹笛的團隊演出外，還有個人報喜秀，比如裝扮豔麗、手持鈴鐺和枝葉的「搖錢樹」，也是一家家走動，一見主人開門，就搖擺起手上的鈴鐺和枝葉，口中念出吉祥話：「錢樹到你家，買田又買家」、「錢樹到門前，你家大賺錢」……，同樣的，主人家為了討吉利，也會包個紅包。

看這支五人組成的小小舞獅隊，除了一人舞獅，配合著打鑼、打鼓、打鈸三人的音樂節奏，另外一人則提了竹籃準備裝紅包。走到庄尾伯公，明知沒人會給紅包，他們還是很有禮貌地在伯公面前舞弄一番，秉告歡樂的年節到了！

1. 弄（nung55）：逗；弄獅仔：舞獅，北客講「撐獅仔」或「打獅仔」。

1964 年竹田頭崙村，春節期間到處表演討紅包的小小舞獅隊，在伯公廟前舞獅。

掛紙

1964-70
屏東竹田

乾淨整潔的一大片墓地，放眼望去，都是運送祭品的腳踏車與忙著祭拜的人們，素樸的農業年代，連墳塚都是低矮簡約的，視線因此可以毫無障礙穿透遠方，掛紙（掃墓）的氣氛雖然因為人聲鞭炮聲而熱絡，能遙望全景的視角，卻帶來一種罕見的壯闊感；大片的天空，遠方的竹林，為畫面添了些許蒼茫。

掛紙是客家人過年後的大事，從元宵或二月初二伯公生之後到清明節之間，只要家族議定掃墓時程，出外謀生或求學的子弟多會回鄉祭祖。與過年不同的是，過年是家人團聚，掛紙卻是大家族一起祭拜先祖，許多親戚一年就見這麼一次面，具有凝聚家族意識的重要功能。

傳統掛紙的行事，首要為除草和清潔墓地，墳地潔淨後，擺上祭品，在墳塚四周和墓碑壓上沾有雞血的黃紙才開始祭拜，上香後敬茶敬酒，焚燒銀紙，再放鞭炮。

南部客家的掛紙祭品，傳統以雞、豬、魷魚乾、蛋、豆干、客家粄六樣為主，前三項代表三牲，雞蛋或鴨蛋寓意有「剩」，南客語講雞蛋為「雞春」，春剩同音。而豆干的干與官亦諧音，象徵「升官發財」。

掛紙的粄通常以紅粄、發粄為主，前一年有添丁的家庭會特別打新丁粄，祭拜後分贈親友，也有人會特別做「白頭翁粄」，白頭翁就是鼠麴草，類似北客的艾草粄，但形狀是圓滾滾的，而且最傳統的是包地瓜餡。另外還會以芹菜和蒜苗祭拜，芹菜象徵勤勉，蒜表示善於打算，以此盼望祖先保佑後代能承續族風勤儉持家；較獨特的是高樹地區另有以苧麻葉做成的苧葉粄當作掛紙祭品。

這一大片墓地位在頭崙與南勢的交界，內埔往萬丹的路上，現為示範公墓，隨著人口增加已經禁葬。一般客家人稱墓塚區域為「牛埔仔」，因為平常都是放牛的地方，這裡卻有個特別的地名「六甲一」，因為它面積正好就是六甲一，難怪李秀雲可以拍到如此壯闊的景觀啊。

上：1960年代竹田，頭崙村人掛紙的壯觀場面。
左下：太陽很斜，影子很長，表示大家趕早比較不熱，婦人擔子後面的蒜苗和芹菜，是掛紙用，不是要賣菜唷。
右下：這是最傳統的墓地樣貌：雜草叢生，有掛過沒掛過的墓塚，清晰可辨。

大士爺

1965
屏東麟洛

好大一尊大士爺！而且還有專用的亭子，南部的大士爺一向都這麼高嗎？非也，這是麟洛湧源堂的歷史大建醮，才有這種排場！訪查之前，原本無法辨認這是何時何地的大士爺，直到在二千多張底片裡，發現唯一另一張遠拍大士爺和旁邊祭壇的照片（右圖），比對確認是「湧源堂」建醮，訪查後才又知道這是麟洛鄉當年的超大盛事！

湧源堂以觀音菩薩為主神，日本時代鄉民從台東請來，先寄住民宅，後又寄宿新庄的伯公，以藥方靈驗聞名。當年民生困苦，許多人看不起醫生，附近的麟洛信眾遂上山採集青草和樹根，回來後清洗、曝晒、切片，菩薩開了藥方，就直接從這裡免費取藥，人神共力，解救不少貧苦人家，曾經一天兩百多人來問事求藥方。光復後信眾漸多，1950年於現址起建湧源堂，當時已有兩百多名鸞生，日後香火漸盛，1981年改建，83年完工，即巍峨現貌，目前是麟洛香火最盛的廟宇，每年七月半普渡時發放白米達 18,000 斤，義子女人數累計一萬餘人。

湧源堂建廟至今只打過三次醮，第一次無可考，第二次就是本照片的1965年，第三次是新廟落成時。1965年這一次，利用廟旁民間三分地，還把新種的樹苗都挖起，建醮七天後才種回去，有上百名工作人員連續七天住在臨時搭建的竹寮裡。

當年建醮非常慎重，廟方特請永安沿海的閩南師傅前來製作大士爺，費時約一個月，高一丈八到兩丈，快要與天壇齊高，旁邊的天壇和各式拜亭牌樓，則由屏東市東陸橋下著名的金振興負責，70 幾歲的老闆客語流利，寫一首好字，由他指揮各色拜亭的尺寸、布置等。

每年七月普渡時，湧源堂或許是為了節約經費，沒有新製大士爺，而是以一張大士爺畫像代替，普渡結束收起來，隔年再拿出來用，省略了製造和火化的過程。而這座大士爺，據老鸞生回憶，是鄰近地區打醮非常罕見的大型大士爺。大士爺是在普渡或建醮期間管理眾鬼的鬼王，通常以面目猙獰、凶神惡煞的模樣出現才能鎮壓四方，但這位大士爺慈眉善目，甚至帶著點微笑和喜感，反而讓人感到親切呢！

左：1965 年麟洛湧源堂建醮時特別製作的大士爺，比常見的大士爺要大上許多。
右：從遠方看，就知道這尊大士爺有多麼巨大！天壇兩側還有當年「毋忘在莒、反攻必勝」的標語。

有求必應
有應公

1964-70
屏東

時髦打扮的小姐穿著合身洋裝與高跟鞋，在一處小小的有應公前掀起了「有求必應」的紅色布幔，這荒涼鄉土的鬼神信仰與現代妖嬈的美好身軀，形成極端對照，李秀雲的相機，巧妙的記錄了有應公信仰在台灣的特殊性。

有應公是埋聚無主骸骨的小祠，因為供奉鬼魂，故屬陰廟，其外貌經常陰暗窄小，且充滿鄉野傳說與神祕色彩，位置多在村莊外圍或偏僻的墳邊田野，使人心生畏懼不敢靠近，那這位小姐何以大膽掀帘呢？

細數台灣數百年的發展史，歷來多有客死異邦的羅漢腳、各式械鬥中戰死的無名人士，或無法辨識的出土白骨，這些無主骨骸，經善心人士收集建祠祭拜，就稱為千家祠、大眾廟、萬善祠等。

而一般人相信，既然鄉民善心收埋枯骨，這些孤魂野鬼理當感恩回饋，對鄉民的請託有所協助，因此，有求必應的「有應公」名號不脛而走，成為台灣鄉間在土地公以外，最常見的小廟。

全台各地都有非常靈驗的有應公傳說，不論尋人尋物、久病求癒、祈求生意興隆，或想在賭局中贏錢，有應公似乎都經常顯靈相助，尤其在大家樂、六合彩風靡全台的那段時間，有應公前門庭若市、信眾絡繹不絕，甚至有人請來電子琴花車清涼秀回報有應公「報明牌」之神準。

不要以為有應公的信徒多屬特種行業的賭徒、茶室酒家之流，少數有應公廟內還有籤詩，供人問婚姻問生意，偶爾農人還會來詢問適當的旱作播種時間，以免被雨水壞了作物。

如此，這位妖嬈小姐為何敢大膽掀開有應公的紅帘，就不難理解了。

1960 年代屏東，有應公小祠前，時髦的小姐掀起了布帘，不知她今天來求什麼呢？

戲棚背

1964
屏東

戲班後台，演員化好了妝、勒好了頭，正在調整頭冠，等戲服也換上，就要上場了。此刻的台前，該是鬧哄哄擠滿了等著看大戲的人潮吧。

往昔的農村社會，一般農家在一天勞碌之後，串門子到鄰家伙房禾埕打嘴鼓，閒話家常；喜歡彈唱的就拉著自製的二胡，唱起祖宗流傳下來的山歌；喜歡下棋對弈的，擺開兩軍對峙的棋陣，靜默思索戰勝對方的棋路。日出而作、日落而息的生活，平靜而滿足。

偶有的娛樂，就是地方寺廟久久才舉辦一次的廟會，也只有這個時候才看得到大戲，所以不論是哪個廟宇請來戲班酬神謝天敬地，鄰近村莊的居民哪怕路途遙遠，也要走上一兩個時辰來看難得一見的大戲。

戲棚上是一齣齣編好演練過的劇碼，戲棚後則是這班戲子的真實人生。後台掛滿了戲服和一應俱全的配備，刀劍和木棍、桌椅彩帶、鏡子、木箱……，一個如你我平凡的人，畫上濃眉彩妝，束起一把長及腰間的髮具，再換上華麗衣裝，到了台前，就搖身一變成了萬人之上的皇親了。而換台的空檔，可能要照顧跟著戲班生活的孩子，孩子若小還得袒胸餵奶，同時間，有人吃飯、喝茶、聊天、打情罵俏……，後台是一齣未經彩排正在發生且結果未知的精采戲碼。

大戲好看，但只有寺廟會如此慎重請來戲班演戲，一般伯公的慶典找的是規模較小的布袋戲班，雖是如此，居民仍舊看得津津有味，因為這些都是特別節日才有的。

平日尋常的娛樂就是街頭賣藝的雜耍表演，為了要吸引客人，先在村內街頭巷尾敲鑼打鼓，等村民們一一聚集後，拿出絕招使出渾身解數，大人小孩看得目瞪口呆，主持人在一旁流利地推銷產品，可能因為農事的勞動量過大，賣痠痛膏藥的特別多，還有賣日用品的，連拔牙的都有。

儘管農村社會娛樂不多，但這些就足以紓解人們勞動的身軀，久久一次，也是回味無窮呢。

1964 年屏東，廟會大戲要上演了，戲班演員忙著對鏡整裝。

破埤頭

1964-67
屏東竹田

一大群大人小孩在水溝裡彎腰尋寶，看大家提著水桶帶著畚箕，認真的往泥水和草叢裡又撈又挖，此刻的氣氛是又歡樂又緊張，因為接下來幾天的餐桌可有魚蝦好料加菜，手腳不快一點，就被別人撈光光啦！

什麼時候水圳會放乾水，讓大家下去「摸螺挖蜆」呢？當然就是兩期稻作間，不需用水灌溉的時候，叫做「破埤頭」、「打埤頭」。埤頭就是用竹泥石塊沙包堵水的設施，每一年，管理水圳的人會通知大家破埤頭的時間，大人小孩老人就會奔相走告，尤其小孩，不用大人叫都知道要下水，因為真是好玩又有收穫，還會得到大人的讚賞啊！

水源乾淨的溝渠裡，會有藏在泥沙裡的蜆、田螺、羅貝[1]，水草裡的大蝦小蝦，還有鱸鰻、鱔魚、鯉魚、塘虱（土虱），和數不清的小魚，這些都是非常可口的菜餚，撈挖的時候，尖叫聲此起彼落，有時候畚箕一撈起來，大鯉嫲（母鯉魚）彈跳而出，哈！竟跑掉了！追不到，被別的小朋友捉去了，開始吵架囉……。回憶起這段時光，鄉親臉上滿是歡樂的笑容，就知道那是多麼令人開心的一件事。

竹田頭崙的老人家說，頭崙這條圳從南勢下來，通到溝背，每年破埤頭開水門後，去溝裡取水產的鄉親，可以綿延將近一公里，桶子裡的野蜆，裝滿滿的，一時吃不完，還可以醃製，而鱸鰻又肥又長，鯉嫲最大的有兩尺長！

但是大型養豬戶出現後，整個河川溝圳開始受到汙染，從前家戶的養豬規模最多五、六隻，糞便並不排到溝裡，而是與人糞一起挑去田裡當肥料，如此長期維持了溝渠的整潔；後來大量豬糞排放，加上 1967 年土地重劃，這條圳路消失，新圳漸漸水泥化，魚蝦難以生存，難怪李秀雲只能拍到這麼一回的歡樂時光了。

1. 羅貝：近橢圓形的大蜆，約一般野蜆的五至十倍大。

上：1960 年代竹田頭崙村，難得水圳放乾了，村中老小擠在圳溝裡挖螺摸蜆撈魚。
左下：家裡容器全部出動，連中午的便當盒也拿來裝魚蝦，看右下角那個傻笑的小朋友，才沒幾歲呢。
右下：小竹盤裡撈到好多蝦子，小鋁盆裡也都是魚蝦，大家都聚精會神，非常努力。

釣蜗仔

1960 年代
屏東新埤

仲夏午後，鄉下孩子們放學返家，天色還沒暗，小朋友最喜歡邀伴釣蜗仔[1]（青蛙）。這個時節，秧禾還小，整個稻田都還泡在水裡，最適合青蛙生存，尤其在雨後，青蛙紛紛出籠，孩子們拿了釣竿和布袋就往田裡跑。釣竿是用撿來的竹子或樹枝做成，末端綁著棉線或尼龍線，出門前還要拿鋤頭挖土裡的蚯蚓當餌，經驗老到的孩子一眼便瞧出石塊底下躲著蚯蚓，一掀開，果不其然，好幾隻蚯蚓不停蠕動著，挖足蚯蚓便高興地出發了。

來到田坵，大家自動分散開來，他們很清楚一隻青蛙只能啣一個餌，不能聚在一起釣，否則收穫就不佳了。孩子們熟練地將整隻蚯蚓綁在釣線上，不用鉤子，在田邊草叢探頭認真尋找蛙蹤，一發現就拿起釣竿，把蚯蚓垂釣在青蛙眼前引誘，只要青蛙一口含住蚯蚓，立刻舉起釣竿，同時伸直持袋的那一手，將還啣在釣線上的青蛙直接入袋。

裝青蛙的袋子也得動腦筋，如果這時恰巧有陣風，塑膠袋很輕，袋子會被風吹得縮小了口徑，釣起的青蛙折騰一會兒還放不進去，往往沒入袋就警覺地跳開了。因此，孩子們通常都自製袋子，把鐵絲塑成圓形，留一截突出線圈當手把，再沿著鐵絲圈把布縫起來，這樣袋口就不易變形，而且長長的布袋也讓落袋的青蛙不容易跳出來。

釣回的青蛙不是煮來吃，就是剁碎和米糠（穀殼）一起攪和當雞鴨的飼料，這可是人畜額外的最佳蛋白質來源。農村普遍使用化學肥料和農藥以後，田裡不長草，農婦雖不需辛苦蹲田挲草，但也同時趕走了青蛙，村裡小孩又少了田間釣蜗仔這樣好玩的差事了。

1. 客語稱青蛙為「蜗仔」，以前的青蛙多為澤蛙，體型較小，雖說用「釣」，但並不裝釣鉤。客語稱蛤蟆的虎皮蛙，體型較大，則用「放」的，這要大男孩或成人才會。方法是把竹竿對剖，並劈成一小段，上頭綁一節短短的釣線，線尾繫著穿在釣鉤上的蚯蚓，如此製作數十個，傍晚時一一插在田胘（田埂），入夜後夜行性的蛤蟆就會上鉤。第二天要比農夫起得更早或半夜就去「收」蛤蟆，否則會被其他人或田地主人順手收走。

左：1960 年代新埤，孩子們放學後制服沒換就到田裡釣青蛙，一手釣竿、一手自製的長布袋，低頭尋覓蛙蹤。
右：拿著釣竿，小男孩站定等青蛙上鉤，專心到連嘴巴都忘記闔起來，袋裡已裝了一些釣到的青蛙。

打窯仔
暗番薯

1969
屏東新埤

「呼——呼——呼——」小男孩趴在地上賣力地向土窯洞裡吹氣，想必火快熄了，他要把火再吹燃，一旁放著十幾條待烤的番薯。

昔日農村沒有現成的零食，孩子們要自己想辦法解饞，最常見的就是烤番薯。稻子或甘蔗收割後，在田地裡找來泥塊堆成中空的窯仔，留個缺口往裡頭燒柴火。待泥塊燒得火紅，就熄火丟番薯進去，把熱透了的泥塊往中間堆，拿棍棒打碎，再鏟來泥土團團包住，讓熱氣燜熟番薯。這在屏東客家話叫「打窯仔」、「暗番薯」，這功夫不用人教，從娃兒時期便看著小哥哥如何打窯仔生火，自然就會。

烤番薯大多在空曠的野地裡，有些大人會嚇唬說有「窯鬼仔」，孩子們信以為真就「瀉₁窯鬼仔」跑得遠遠的，大人撿現成吃的目的就達成了。有時候，孩子們時間抓得不夠準，或泥塊不夠燙，挖開後沒熟透，照樣吃得津津有味。有時燜太久烤焦外皮，少吃了兩口，心裡直呼可惜。等番薯熟的這段時間，孩子們不是去溪裡游泳，就是偷摘龍眼芭樂，說到水果，未成熟的青芒果也是好料，一口芒果，配一顆媽媽做的豆豉，63歲的番仔埔庄民李得福說，很好吃，現在都吃不到了。

沿山萬巒一帶的客家小孩有不一樣的零食，向阿公阿婆討個一毛錢，和下山的排灣族買芋石（芋頭乾），住在萬巒本庄的李文生說，一毛錢換兩褲袋芋石，可以吃上一整天，比起只能買兩個玻璃球糖划算多了。芋石咬起來香香硬硬，吃之前要先敲開看裡頭有沒有蛀蟲。

過年時，每戶人家都會做一大床甜粄，將一部分切片晒成乾，年後婦女忙著踔田，帶個幾塊放在大襟衫上折的手袖裡，餓了就拿出來邊踔田邊吃。竹田農婦張春貞說，甜粄乾吃起來喀喀作響，頂硬！以前放到發霉再洗過也照吃不誤，滋味好得很呢！

這些食物都未經化學加工，也沒有現代廣告詞中的色香味俱全，對現在年輕一輩來說可能難以入口，但卻是那個年代難得的人間美味。

1. 瀉（sia55）：趕緊跑，一溜煙就跑了。

上：1969年新埤，小男孩趴在地上噘嘴朝土窯洞吹氣，等火旺一點久一點，就可以把番薯丟進去燜了。
下：泥地上，七、八個赤腳男孩或蹲或坐，有的撿柴木，有的在燒火，大家通力合作烤番薯。

火車入站

1970
屏東竹田

蒸汽火車駛入車站，月台上清楚可見竹田站名，司機和站長正在交接鐵路電氣牌，從生動的肢體，感覺到一絲絲火車入站的緊張，也彷彿，聽到那正在煞車停靠的嘶嘶聲響了。

竹田在六堆屬中堆，早在康熙年間就已開發，因東港溪支流密布，昔時皆以水路為主要運輸工具，上游各地米穀常以水運囤積於此，後再轉運東港往台南或對岸銷售，故竹田舊名「囤物」。

歷經清朝的水路歷史，日本人在 1919 年修築潮州線鐵路，於竹田設置驛站，有了南來北往的便捷火車，不僅竹田居民，連鄰近萬巒、內埔的鄉親和貨物也都以竹田驛站為交通中心，從此竹田步入鐵路年代達一甲子之久。跟大部分竹田人一樣，李秀雲外出念書、工作、離鄉、返家都要經過這個車站，其情感之深厚可想而知。

竹田車站在 1992 年降為簡易站，此時的鐵路運輸早被公路取代，台鐵本要廢站並拆除老舊站房，經鄉民全力爭取保留後，在文建會協助下，險遭拆除的車站終於變身為「竹田驛園」。

現在所見日式木造車站是在 1939 年建造，有站房、候車室等設施，鐵路員工宿舍則改為咖啡屋，周邊尚有日本時代留存至今的澡堂、古井、水塔等設備。而據鐵道迷研究，全台這種木造站房被留下來的並不多，南投集集、台南保安站也是類似形貌。

李秀雲於竹田驛園成立後，在此舉辦「吾鄉」攝影展，獲得廣大回響，2001 年去世後，地方和行政院客家委員會協力將舊倉庫改建為「李秀雲先生攝影紀念館」，昔日「囤物」擺放稻米肥料的倉庫，如今「囤」的是六堆影像，可說意義非凡。

1970 年，李秀雲用鏡頭記錄了家鄉的竹田車站，蒸汽火車吐著黑煙進站了，司機和站務員忙著煞停，後頭的月台上，不少鄉民、學生在候車。

李秀雲逝世四年後，2005 年，竹田車站一號倉庫成了他的攝影紀念館，這是開幕剪綵的場面。（李秀雲家屬提供）

月眉線橋

1964-70
高雄杉林

成排高大的木棉樹盡頭，是一座巍峨堅固的鐵線橋（吊橋，也稱線橋），它銜接了旗山和杉林，更是內山的甲仙、三民（今那瑪夏）往旗山、高雄必經的要道，這座吊橋，是李秀雲從屏東農校畢業後，1939 年在杉林庄役場（鄉鎮公所）任職時，從竹田往返必經之地。

吊橋下的大水，叫做楠梓仙溪，流到旗山南邊與荖濃溪匯流為高屏溪。杉林的客語地名為「楠仔仙」，也是它的舊地名，人口以美濃移民最多，平埔閩南次之，與美濃同屬六堆之右堆。吊橋出現前，想渡楠梓仙溪得在月眉岸邊坐竹筏，旱季則搭簡便竹橋或水底橋，不僅危險不便，杉林甲仙所生產的稻米農作，也缺乏運輸道路，難以發展。

然而，日本政府花大錢蓋這座大吊橋，卻不是為了民生交通、農作運輸或是內山樟腦，而是油田公司在甲仙發現大量油氣，為了探勘鑿井機具的進入，以及預料日後應有大量油品運輸，於是有此巍峨吊橋之誕生。1932 年，高雄州先撥款一萬圓，委由甲仙油田試掘事業處著手進行吊橋架設事宜，過了兩年，又特請國庫補助 15 萬圓進行新式橋樑之設計建造，並在 1935 年 2 月動工，1936 年 3 月竣工。

月眉吊橋的橋寬 5 公尺，長 230 公尺，據說是當時東南亞最大的水泥吊橋。這張照片上，一輛巴士正迎面駛來，路邊最高限重的牌子寫著 5 公噸，承載量相當高。除了政府出錢，地方也不遑多讓，其中開採石油的日本會社捐獻一萬圓，於 1931 年去世的旗山富豪吳萬順，家屬以他之名捐獻 3,500 圓，地方人士說，這是因為吳家在杉林以內有三、四百甲的土地，造橋對他們有好處。捐款事蹟被當時杉林庄長以紀念碑銘記於月眉端橋頭，這裡的小地名也因此叫做紀念碑。

1988 年因為新建水泥橋，這座服務了半世紀都沒出問題的大吊橋竟被拆了，許多鄉親甚為扼腕，有些人還留存著以前到吊橋玩的紀念照，但鮮少人像李秀雲，退得遠遠的，把木棉道的全景給拍了下來，表現出一種遠望的美。假若當初沒拆，現在它應該是熱門旅遊景點吧？

左：1960 年代杉林，月眉吊橋車來人往的景致。
右上：吊橋前矗立著兩排高大的木棉樹。
右下：李秀雲友人全家出遊紀念照，橋塔、橋面、懸索、河床、遠山都入鏡了，後方摩托車對比出橋面的寬闊。

鄰舍

屏東平原是個族群雜處的地域：平埔、排灣、魯凱、閩南、客家、外省，在歷史發展的涓流裡，匯聚出豐沛的各種文化形貌，李秀雲雖然鍾情於農村生活的紀錄，但周遭異族的生活狀態，卻也深深吸引他的目光。

臨海的閩南鄉鎮東港，是單鏡頭俱樂部成員的大本營之一，每三年一次的盛大迎王祭典，在耕讀傳家的客庄人看來，或許可用「瘋狂」來形容，而遙遠大山裡的多納部落、苦旱無水的燕巢惡地形，也拜單鏡頭俱樂部月會外拍之賜，盡入眼簾；不知道若非攝影之故，生活恬靜的李秀雲會來到這些地方嗎？

他如何看待這些異地異族異風呢？少見誇張扭曲的廣角，沒有嘲諷或悲情的構圖，一貫的，以他溫柔舒緩的風格，靜靜的，淨淨的，為這些鄰庄的昨日，留下人與地交織的各色身影。

東隆宮
迎王

1964-70
屏東東港

東港東隆宮迎王平安祭典的第一天，廟口堆放著高大的木料，等待「請王」隊伍回宮入廟前「過火」，這個三年一科的祭典，透過王爺、中軍府、五位千歲[1]和王船的遶境驅邪，以及燒毀載滿厄運邪煞的王船，庇佑全境平安，祭典為期七天，地方上習稱「迎王」。

東隆宮是東港信仰中心，始建於 1706 年（康熙 45 年），是台灣四大古廟之一，主祀溫府王爺，傳說當年居民於沿海拾得大量漆寫溫記的木材，經溫王爺顯靈降旨而建廟，因居民深信王爺駐此，東港必得興隆，故名東隆宮，此廟開全台溫王信仰之首。

迎王祭典從籌備到祭典的程序包括：造王船、中軍府安座、進表（寄帖邀請千歲爺下凡遶境）、設代天府（即千歲爺的人間臨時行館）、請王（到海邊請，又稱「請水」）、過火、遶境、祀王、敬王、遷船[2]、和瘟押煞[3]、宴王、送王。「中軍府」是千歲爺的先遣部隊，於迎王前一年進行安座，專職王船建造之監工。而「王船」是代天巡狩千歲爺所乘之「神船」，也是千歲爺為民間押送瘟煞疫鬼的「法船」，一般熟知的燒王船，即是祭典尾聲「送王」的句點，外界因此衍生「王船祭」的稱呼。2008 年，行政院文建會將「東港迎王平安祭典」列為「無形文化資產」。

李秀雲拍攝的 1964、1967 年迎王祭典，以遶境為主，除了威武的王爺轎班和護衛、熱鬧的藝閣和陣頭，他還捕捉了虔敬捻香、跪拜在地、舉枷贖罪等大量的香客肖像。原照片上的牌樓已遭拆除，新牌樓重建後，2006 年紀念開廟三百週年時，貼上耀眼金箔，據說造價上億。如今牌樓下坐滿了當地老人，想了解迎王歷史，這會是最佳去處。

1. 千歲：皇帝所封諸王，死後神格化者民間仍稱千歲，和王爺同義，如溫府王爺即溫府千歲。
2. 遷船：祭典第七天王船出廠遶境東港，具有重要的押煞逐疫意義，沿途家戶備菜餚香案祭拜，並備紙人替身或衣服在王船經過時對家人改運，所有替身在送王時集中在王船邊一起火化送走，即能去除厄運。
3. 和瘟押煞：道教科儀，在王船邊進行。和瘟為文場，由道長誦經，勸請瘟神隨千歲搭王船離去。押煞為武場，擺設板凳、火爐、油鍋等，道長手持掃帚、鍋蓋、五方旗、劍等法器，把頑劣鬼魅押上王船。平安祭典除千歲爺遶境抓鬼外，也靠法事抓鬼，最後全數讓王船帶走。

1960 年代迎王祭典期間的東港東隆宮，香客雲集，廟前已擺好「過火」用的木材。

1. 東隆宮外的停車場，停滿了信徒和香客的腳踏車，李秀雲獨具慧眼，拍下當年的盛況，這些幾乎清一色是可載重的腳踏「貨車」。

2. 前來東港迎王的香客，和學生一起擠滿了東港線火車，很有可能李秀雲也是搭火車來拍照的。東港線是台鐵最南端、同時也是最短的支線，僅 6.2 公里長，從起站鎮安經大鵬到終站東港，只有三站，全程約 9 分鐘。這條支線是林園大橋開通前東港對外最重要的聯絡孔道，每逢迎王火車必加班行駛。

3. 東港迎王時，全境分成七角頭（地域組織）負責溫王爺、中軍府和五位千歲等七位神祇的神轎、王船船具等遶境事宜，七轎班各有不同顏色的制服。這是下頭角負責的溫王爺轎班，五支華麗的涼傘是古代帝王出巡時遮陽用的華蓋，在神明出巡時屬儀仗隊，一般神明用一到三支，千歲爺用到五支，可見排場之盛大。

溫王爺與三十六進士　東隆宮既然主祀溫王爺，為何還有請王和其他千歲呢？原來這是有一段傳說的。溫王爺原名溫鴻，出身山東的書香門第，他文武兼備，交遊廣闊，適逢唐太宗微服出遊時遇險，溫鴻捨身救駕，功居其首，和其他救駕者36人同被賜封進士。後來溫鴻任山西知府，用兵如神，討賊有功，受封王爺，在某次與義結金蘭的三十六進士奉旨巡行天下時，不幸於海上罹難，世人咸認為溫鴻幻化成神，太宗痛失功臣，追封「代天巡狩」，並賜巨舶「溫王船」，敕告天下，凡王船所到之處，百姓官府均應殺豬宰羊設祭供祀。

溫王逝後，懸有「溫」旗之巨船，常在閩浙沿海顯靈護航，溫王船庇護百姓之說，在泉、漳二州人人耳熟能詳，明清兩代，移民渡海來台，溫王爺也成為西南沿海漁民的精神寄託。

東隆宮主祀溫王爺，其他進士則在三年一科的請水儀式中，從海上來作客，他們來時會透過乩童「報銜頭」，告訴大家他姓啥是何人，因此每一科的大千歲幾乎都是不同姓氏，此儀式與三十六進士的傳說緊密扣連。

4.頭上盤著辮子、腳上沒穿鞋子的信徒,對比後面衣著入時的小姐,非常特殊。這是就近平埔族的婦女嗎?只能留待人類學家去考證了。

5.王爺廟的香灰可以保平安,許多人趁迎王之際取香灰製作香符,濃密的煙燻,嗆得拿香灰的小姐皺起了眉頭。

6.往昔東隆宮迎王時的香爐,以大土堆設置,因為香客實在太多了!

7. 迎王祭典期間，兩名穿著藍色長袍、戴著竹編高帽的班頭守護著東隆宮中門，嚴禁各色神人進出，直到送王結束，才能將封條撕下重啟中門。

8. 傳統扛大鑼的班頭，現在都已經改為推車，或是坐在卡車上了。

9. 迎王遶境時，每逢廟前接駕或抵庄頭，班頭會在王爺轎前吹起銅製「哨角」，以表駕到或清路之意，現今的迎王儀式中已看不到了。

王爺的班頭　班頭等於古代的衙役，以家族世襲的方式從清代傳承至今，是東港獨樹一格的民俗資產。迎王時，班頭與內司、轎班同為重要的執事人員，像請水時負責維持秩序，請水後，大班頭要對遶境時所有班頭帶出來的刑具念咒語開光；遶境時在溫王爺前開道，每晚報更並隨王爺查夜，而之後的祀王、敬王、宴王等儀式，也都隨侍在側，任務繁重。

平時班頭除了駐守廟門，也代表王爺為人消災改運。信徒跪於壇前，向神明稟報姓名年齡後，由班頭在身上從上往下、包括耳後頭上，揮動神明令旗，代表佈下三十六天罡、七十二地煞，即可祛邪得平安。更慎重的，跌筊請示王爺恩准後進行責杖改運，男性趴在草蓆上杖打屁股，女性跪著用藤鞭打手心，每打一次代表十下，大人最少一百下，視王爺指示而定，當然，鞭打是象徵性的，不會真的打到痛。想目睹這些儀式或刑具，只要走一趟東隆宮廟口。

最現代化的服務是「改車」，信徒買新車或不慎輾到貓狗或純粹為保平安，就把車開來請班頭改運，不僅摩托車、汽車，連大台遊覽車都有呢。

10. 遶境隊伍中，家將為沿途婦女改運祈福，看多少媽媽抱著孩子祈求平安，真是天下父母心的最佳寫照啊。

11. 老阿嬤戴著枷鎖燒香，枷鎖上寫著丁未科（1967年）、代天巡守、大千歲、重陸佰，陸佰是指枷鎖的重量，舉枷前必須先向王爺請示跌筊，並詢問重量，愈重的，表示罪孽愈深重，還願也要還愈多。

12. 迎王時舉枷還願的信徒。舉枷俗稱「做犯人」，若家人身體欠安或事業不順，便請王爺保佑並許願舉枷還願謝神，也有做錯事想懺悔者以此明志。做犯人這天不能穿新衣、不能過火，也不可隨便把枷拿下，上廁所也要戴著。戴枷和解枷都是由班頭執行，「犯人」必須走在遶境隊伍最前頭，即班頭的前面，以示「押解示眾」，奉勸眾人諸惡莫做之意。最後，脫下來的枷在燒王船時一併燒掉。

10   11   12

家將駕到   東港廟宇密布、陣頭繁多，有「神將窟」之稱，迎王時，這些代表神明的護衛部將，一方面為神明開路，二方面收服妖魔鬼怪，更為民眾祈福解運、安宅鎮煞。因此遶境時，只要有信眾跨到馬路中央跪拜等待神將到來，大家就跟著跪成一長列，等候神將以法器在頭上掃過，藉以改運驅邪。

傳統迎王祭典的陣頭分文武陣，文陣有車鼓陣、牛犁陣、南管、陳三五娘陣等，武陣有最早成立的下頭角宋江陣、開基共善堂什家將、其他庄頭型的宋江陣、各宮廟神將團等。

擔任家將的成員最是戰戰兢兢、謹守分寸，有老人回憶童年時總會被大人要求將兵器帶到東港溪邊，取石塊刷去兵器鐵鏽，遶境時才能展現閃亮銀晃的刀槍。擔任家將者各種禁忌繁多，因為在「開面」（繪臉）後即具有神格，不能恣意行事汙瀆神明，現今的家將多偏表演性質，欠缺昔日的威赫和嚴肅，連禁忌也不再嚴守了。

時代的變化把家將從有意義的嚴肅陣頭，變成表演團體，或是黑道吸收青少年的管道，神明不知有何感想呢？

13. 裝飾著華麗龍頭的藝閣隊伍，前方的小朋友以古代武裝的扮相坐在白馬上，氣勢十足，上方令旗寫著「甲辰科」，說明了這是 1964 年迎王祭典。遶境路程遙遠，必須不斷替換扛夫，這群忍著腳痠在藝閣上扮裝演出的小朋友和揮汗的輪班扛夫，見證了東港居民對迎王信仰的虔誠與熱情。

14. 清一色由男性組成的跳鼓陣，現今幾乎已經絕跡，左起分別是持涼傘的、打鼓的、敲鑼的、舉頭旗的，可能為了體現他們跳躍舞動的動感，李秀雲用了慢快門，但後面溫府王爺的牌區仍很清楚。

15. 小女孩穿著古裝，畫上濃妝，巧扮民間傳說人物，稚氣的臉龐、華麗的衣裳，可愛的模樣讓人目不轉睛。右邊數來第二位可看到繫住身體穩定用的木椿，但這樣久站仍是十足考驗「站得住腳」的工夫啊。

小朋友扮藝閣 藝閣在清朝時傳入台灣，據說最早期上頭坐的是身穿華麗古裝、手抱琵琶的唱曲藝旦，主角變成小朋友的年代已不可考，但在日本時代已盛行一時，各庄頭或店家會集資贊助，有時一場廟會多達十幾陣，都以民間耳熟能詳的神話故事為主題，像是：桃花女鬥周公、八仙過海、孫悟空鬧天宮、媽祖的故事、五虎平西、哪吒鬧東海等。

最古老的藝閣，是由約兩塊榻榻米大小的木板拼成，下面用四根木棍以井字狀支撐，需要四到八個壯丁合扛，老人家說，因為要隨遶境隊伍不斷走動，非常耗費體力，所以藝閣的人物才會改由小朋友裝扮，以免過重讓扛夫挑不動。

隨時代發展，藝閣從人扛逐漸改為牛車、三輪車、電動拖曳、卡車等工具拖行，扮演者也從地方信徒子弟，演變成電動人偶，現代藝閣雖多了燈光、乾冰、電動設備，但卻少了小朋友真人扮演的童趣，而現在各地流行的電子琴花車，據說就是從藝閣得到靈感而衍生出來的。

民間相信扮演藝閣的人物可以得到庇佑，小朋友在這一天也特別神氣，但現在的東港迎王已經看不到藝閣了，李秀雲的鏡頭，為東港人留下珍貴的記憶。

叭哈腳

1964-70
屏東東港

一群綁著小腳的婦女出門聚在一起,這在平日是很不容易見到的景象,李秀雲或許是在廟會或迎王的場合裡,拍到了這群出來看熱鬧的小腳阿婆,對比於六堆地區客家婦女每天勞動不已的天足,這鄰鎮的小腳,真是展現了族群文化之殊異。

客語稱纏足婦女為叭哈嫲(ba55 ha11 ma11),層層包覆的腳為叭哈腳,叭哈是指喇叭,這是以腳經過纏綁變形後,形狀像喇叭而名之。

纏足的起源年代說法分歧,但在中國最少已行之千年,日本人統治台灣後,把纏足、男性的辮髮、吸食鴉片列為三大陋習,起初,先以學校教育和報章雜誌宣導「解纏」,後在 1915 年透過保甲制度全面厲行「放足斷髮」。而根據統計資料,1915 年全島纏足率仍有 47.2%,這群小腳阿婆應該就是在日本人推動放足前,已經被傳統習俗捆綁的末代小腳,到了拍照的 1960 年代,她們恐怕都是 60 歲以上的阿婆了。

客家婦女自古天足,不受纏足影響,清代一位來到梅州的西方傳教士說:「西人束腰,華人纏足,唯梅州人無此弊,于世界女人最無憾矣」,從免受纏足之苦的觀點來說,客家婦女的確幸運,但附帶的卻是高度密集的勞動,關於客家婦女天足原因的研究甚多,有說因大遷徙脫離江淮中心、定居於山區而免受陋習影響,有說因環境艱困或男人外出,而必須肩負耕田、采樵、養殖之責,故「但知勤四肢,不知裹兩足」。

無論如何,纏足標示了傳統漢人的價值觀念和社會階級,愈是有錢有閒人家的閨女,腳就綁得愈小,而客家婦女卻是漢民系中,唯一身處這個價值圈外、並終其一身,以天足貢獻她們的勞力和生命,若說是天足延續了客家族群的命脈,或許也不為過哩。

1960 年代東港老婦人腳部的特寫,纏足與自然的天足,對比強烈,中間穿格狀小鞋的是標準的弓形小腳,行走需倚賴拐杖。

削竹皮

1970
屏東林邊

全身裹得密不通風的婦女，拿著刀子在削竹皮，可別小看這位蒙面女，她正在進行做竹筏的第一道工序——去青皮。遠方的空地上，擺滿了一根根竹子，都得靠她熟練的雙手一一去皮，才有可能從陸地轉進到河海，陪伴漁人航行。

在工業社會來臨之前，竹筏（閩南語稱竹桰仔）是全台數量最多的水上交通工具，取材容易、製造方便、吃水較淺，適合在各種深淺水域航行，且因竹子中空有節，比等長木頭的密度更小，浮力更大，竹管若不慎破損，在竹節保護下也不會即刻全數龜裂，是兼顧性能和安全的最佳材料。

做竹筏的工法繁複，大約是取竹、裁切、去皮、熨彎、埋沙、絞合[1]，假如要加桅帆，就更複雜了。史料記載 18 世紀的台灣竹筏已經裝上篷帆，並可行駛於海上，早年東港人利用有風帆的竹筏到小琉球近海捕鯊，並藉以往返兩岸，現在的東港老人幾乎都只使用過無帆竹筏。

最適合製作竹筏的材料是麻竹，因為它的管徑大，竹節長，竹身直，採用生長約三、四年者最為合適，也就是青壯年的麻竹，太嫩者不夠堅固，太老又容易裂開，而要把這麼長的竹子用牛車載運回加工處，也是一門大學問。

整體程序中，麻竹去皮和熨彎的技術難度是最高的，去皮是為了防止竹材龜裂，避免表皮附生青苔使人滑倒，同時也可減輕麻竹的重量以增加浮力。拿刀削皮看似輕鬆，但削太薄皮去的不夠，削太厚則會影響麻竹的厚度，加熱彎曲時也較容易龜裂。

塑膠管筏興起前，全台各地有用到竹筏之處，就有做竹筏的人家，從原住民、客家人到閩南人，製作竹筏的工法大同小異，例如阿美族是採竹後先埋沙再去皮，而有經驗的老人一看這圖，就知道是要做竹筏的，還會告訴你地上的竹皮不能扔掉，晒乾了要拿來烤彎竹子呢！

1. 熨彎，見下篇。埋沙，把竹子埋到海沙裡或泡海水，去除竹材內的糖分以防蟲蛀；埋沙取出陰乾後，再以黃藤木桿絞綁，加上另製的搖槳，就大功告成。

1970 年屏東林邊，一名婦女忙著做竹筏的第一道工序——削去粗大麻竹的竹皮。

熨竹仔

1970
屏東林邊

製作傳統竹筏最困難的技術，就在於烘烤彎曲這個環節，漁民們稱為熨竹仔，每一根竹子的每個位置要熨到一樣的曲度，以發揮在海上破浪前進時減少阻力的效果。

熨竹時以兩人一組互相配合，圖片裡左邊蹲著的婦女負責控制火源，她手裡拿的燃料就是削下的竹皮，右邊師父用鐵絲圈把麻竹與固定用的底竹套在一起，並在離約三尺處，於麻竹和底竹之間塞進一根木楔，利用槓桿原理，隨著文火把竹子烤軟了，慢慢將木楔向前推進施壓，竹子就慢慢出現曲度。

為求每根竹子的彎度接近，被高溫鐵絲圈烙出的痕跡遂成為移動距離的最佳指標，鐵絲圈的位置以約一尺的間隔往後挪移，並依麻竹彎曲的方向與角度，進行間距的調整，熨竹子需要極豐富的經驗，才能將弧度烤得均勻得當，也因為文火慢烤，時間頗長，不遠處有兩個鄰人坐著一起聊天。

竹筏頭離地高度約一至二尺左右，最高約稍高於一般人膝蓋高度，船尾弧度則較小。這是因應行海而出現的烘烤工序，假如是溪河或平靜內海所用竹筏，是完全不需要熨彎的。

近幾年各地鄉土意識蓬勃，許多東海岸村落重振竹筏文化做為觀光資源，有耆老應邀再度製作竹筏，重現的烘烤工法竟與李秀雲在林邊所攝一模一樣，時隔 40 年，老技藝幸無失傳！

上：1970 年屏東林邊，兩名工人正在合力烤彎竹子，一個控制火候，一個在調整曲度的間距。
下：熨烤後弧度接近的竹子，準備綁紮成筏，對照小男孩腳掌的比例，可見竹管之大。

衝網仔排

1964-70
屏東東港

一排排竹筏停靠在岸邊，外行人一看：不就只是竹筏嗎？東港老漁民一看：「啊，這是較早的衝網仔排，大台的，坐三個人，還有一隻小台的坐兩個人，作夥衝網仔，就是左邊翕（拍）一半的這台。」

這就是東港漁民近海捕撈作業的竹筏，當地稱「衝網仔排」，衝（tsing55），閩南語的撞、擊打，如「相衝」即相撞，亦作「舂」。在此是指魚蝦撞到網裡而被捕獲，畫面前方的兩個大竹籃，就是裝漁獲的，往昔漁獲量多，若籃子裝不下，就連最後一次下的網一起拖回來。大的衝網仔排有四支槳，最前面的漁夫左右各撐一槳，後面右邊一人獨撐，左邊最後面則是尾槳手，是全船的指揮，漁民說這支是「大槳」，左右進退全靠他掌握，下網收網也由他命令。

較小的衝網仔排只需兩人，各執一槳，要下網或收網時，得有一人跳到大排當助手幫忙，小排則繼續前進拖引，以免魚網下沉拖土卡底。通常排仔行到「崁」前就會收網，因為有崁的海溝處較有魚群聚集，而哪裡有崁，自然是靠經驗累積，出海時間則照「流時」（潮汐），不一定晨昏出海，因為是人力搖槳，通常一個下午或上午就回港了。

老人們說，東港最多時至少有四、五十隻這種排仔，下船時少說也要四個人扛，在海裡若不小心「翻排」就要「抐湧（浪）」，不然就「等湧衝入來，順湧的勢，把排仔掀過來」。1931 年出生的老漁人李克己，在他 40 幾歲的時候，使用了全東港第一台塑膠筏，那是「鬥車（裝引擎）的、機動的、30 碼的」，吃柴油的動力筏可以跑較遠，不用人力搖槳搖得半死，他最遠可跑到台南、小琉球，漁獲頗豐。

老人的口述與台灣工業化腳步吻合，1968 年台灣第一座輕油裂解工廠完工，石化產品開始普及，便宜的 PVC 塑膠管取得容易，約在短短五年內，竹筏迅速減少最終被淘汰，古老的棉紗漁網也被化纖品取代。40 幾年後的今天，工具機械都進步多了，可是海裡的魚愈來愈少，舊日那種靠簡單的衝網仔排滿載而歸的歡欣，已經非常遙遠了。

上：1960 年代東港海邊的竹筏，前端翹起，可減少破浪阻力，為了避免破浪時海水噴濺舵手，前端設有竹蓆，竹籃和網子通常放在船尾。
下：只能載兩個人的小「衝網仔排」，和大排一起作業。

惡地
討生活

1964-70
高雄燕巢、田寮

小女孩挑著柴草,赤腳走過龜裂的大地,她的家不知是否很遠?這來回的路途要走多久呢?她有去上學嗎?遙遠的山村,孤獨的孩子,貧弱的家計,這荒山荒地的惡地形,有一種孤寂窮困的蒼涼。

這寸草不生的惡地,怎生來的?幾十萬年前,因板塊推擠形成的造山運動,把海底沉積的泥砂抬升出海面,再經過長期的風化侵蝕、雨水沖刷,就成了罕見的惡地形,高雄的燕巢、田寮、內門一帶,惡地發達,山脊光禿嶙峋,且充滿雨蝕小溝,山坡上順著溝谷流下的泥漿,堆積成沖積扇,乾燥後龜裂,就成了女孩腳下的裂地——原來這地,以前在海底呢。

惡地的土石鬆軟,無法涵養水分,只有少數草木能夠存活,最多的是銀合歡和竹子,銀合歡是廚房的好燃料,羊很愛吃,因此以往這裡有些許人家飼羊,而多虧還有竹子,可以蓋房子和做竹製加工品維生。

出生在惡地形的人家,跟植物一樣,得很努力並想出適應環境的辦法,但由於交通不便,加上謀生實在不易,人口外流是必然的。

很多人喜歡在惡地形拍模特兒,李秀雲卻拍了讓人有點心酸的真實生活,他還拍了農婦挑番薯藤,男人扛兩根長竹子徒步返家等畫面,走一趟惡地形,當年的李秀雲應該會慶幸生在富庶豐饒的六堆吧?!

上:1960 年代高雄燕巢,一個小女孩打著赤腳,挑著比身形還高的草稈,走過龜裂的白堊土大地。
下:在高雄田寮,有人給惡地形取了「月世界」的名稱,月世界的頑童應該還是有快樂的童年吧!

牧羊

1969
屏東春日

一大片無人活動的荒地裡，牧人隨著著黑白兩色的羊兒，天亮出來吃食，黃昏回家歇息，這種在大自然裡流動放牧的景況，直到1970年代才消失於屏東山區，李秀雲以俯瞰的角度，把環境、羊群和牧羊人，構出單純又富含美感的畫面。

羊對貧瘠乾旱的環境具有很強的適應力，他們喜歡纖維含量較高的植物，尤其是灌木的芽葉，因此，各種雜草、灌木枝葉、作物枝梗都當作食物來源，即使有點像沙漠地區的生活環境或不毛之地，只要有乾淨植物，仍會是牧羊的好地點。

根據其他圖片的山形和地形判斷，李秀雲應該是在春日鄉和新埤鄉的交界帶，拍到了這些羊群，這一帶河床廣闊，羊兒易尋食草，也不會妨害私有耕作地，因此有為數不少的牧羊人家在此活動。

羊喜歡乾燥和清潔的環境，牧羊人會在太陽把植物的露水蒸發後，才帶羊兒出門。羊兒採食前會先用鼻子嗅，若有異味、汙染或腐敗、被踐踏過的草，都不愛吃。羊喜群居，有社會階級，通常體型大、年長的母羊會被訓練為領導，不慎脫隊的羊兒往往會惶恐不安，鳴叫不已。

有經驗的牧羊人會告訴你，別看這麼一大群羊，裡面公的成羊最多只有兩三隻，公羊好鬥，又喜招惹母羊，留太多隻成天搗亂，整群羊就沒辦法專心覓食了。

牧羊必須不斷的移動位置，若在固定地點過度啃食，容易導致植物枯死，土石破壞流失，這種在荒野放牧的方式，不用花錢買飼料食草，只需主人辛勤趕牧；到了經濟開始發達的1970年代，農藥、塑膠袋、汙染氾濫，能承載牧羊需求的廣袤無人又潔淨的環境愈來愈少，羊兒只好住到羊欄裡，再無天空和大地了。

1969年屏東春日，牧羊人趕著幾十隻羊，在溪埔邊覓草而食。

多納个
「穀抱」

1964-70
高雄茂林

李秀雲拍攝的原住民區域廣泛，要辨識 40 幾年前照片中的地點、族群和內容，並非易事，幸好多納的報導人 Legeageay 郁德芳和 Isai 鐘明發協助，從茫茫圖海中辨認出他們可愛的家鄉。這張照片是 Isai 家隔壁 Dai-Maniga（葉太平）家的穀倉，蹲在地上洗東西的正是 Maniga 家女主人「阿娥子」，當他們一一指認時，這些照片宛如古物般出土了。

生於民國 47 年的 Isai 說，這種穀倉叫做 Kubau（我們姑且以穀抱名之吧），主要貯存小米，他小時候，也就是李秀雲拍攝的年代，多納約有近百戶人家，其中三分之一在家門口蓋穀抱，家裡空間比較大的，存糧則直接放屋裡，不另外蓋，所以當時多納約有 30 幾間穀抱。

穀抱以竹木為主結構，藤條綁結，屋頂以溪邊的茅草覆蓋，為了防水，要特別找比較細緻叫做 la-i-chi 的茅草，覆蓋兩三層才不會漏雨，約兩三年全面更換一次。為防止老鼠爬上去，木頭柱承接主建物之處，用大塊石板隔著，上穀抱拿小米，要另外取梯子，拿好了再移開，以免老鼠和小孩上去玩。穀抱下面的中空木桶叫做 umulu，是用挖空的樹幹做成，原擺在室內當糧倉以便隨時取用，因為壞了才放室外。木桶旁有水管水龍頭和水泥塊，足見文明的腳步很早就進來了。

Isai 小時候都睡在穀抱下面，大人會做竹床，鋪上月桃蓆很涼很好睡，他也常來這穀抱玩，或在下面睡覺。大約他 17、18 歲時，穀抱以一種飛快的速度消失，他家的也拆了，現在幾乎完全看不到了。而 Legeageay 說，遠方的石板屋頂目前仍保留著，但下方建物已經變水泥屋，穀抱右邊 Dai-Maniga 家的石板屋，在他當社區發展協會理事長時，申請文建會經費協助翻修，是全村完整大修的兩棟之一，所以穀抱雖不在了，還好石板屋有留下來，他特別說，穀倉右邊小走廊底部蛀蝕的木柱，曾被主人改成水泥，翻修時才又改回木柱。

李秀雲不經意拍下的照片，在 40 幾年後，輾轉放大在這兩位多納人眼前，Isai 從小跟祖父母在山上生活，卻為生活離鄉當鐵工，Legeageay 一直為多納文化的流失奔走而積勞成疾正在養病，兩人在外鄉看到這些照片，有說不完的故事，有想不盡的童年。

1960 年代高雄茂林的多納部落傳統穀倉，左邊防鼠板壞了改用鉛皮，右邊仍用石板。

石板屋

1964-70
高雄茂林

一個爸爸抱著女娃兒，穿過石板屋的後巷，堆疊整齊的石板屋牆面顯現一種單純的美，這在傳統的多納部落，是再普通不過的場景，但如今，卻不容易看到。

多納村所在的地理環境頁岩發達，因此先人就地取材，發展出石板屋的建築技術，只需木材做為支架，就可蓋出全自然素材的、堅固又冬暖夏涼的石板屋。

建造時首先要選材，在部落附近的山壁或河床找合適石材，利用釘槌順著石板紋理落釘敲擊，石板就會奇妙的全面剖開。接下來最難的是搬運，假如不急著蓋房子，就順著每天耕作歸途帶一些回家，石板若過大，再拜託親友或村人協力搬運。

有材料後，最先蓋的是最重要的結構：側牆和後牆，傳統石板家屋的牆壁很厚，至少寬兩尺，這樣才能承重且在地震來襲時不易倒塌，ㄇ字形主牆砌好，再鋪地面和正面牆壁，最後才是屋頂，通常最大塊最漂亮的石板會放在主牆外當立面。

傳統石板屋沒有隔間，全家人煮食、烤火、吃飯、睡覺、貯糧等需求，在一個大室內空間裡獲得妥善安排；也沒有浴室，大家會在工作結束返家途中先到溪裡洗澡。而得天獨厚的多納溫泉曾是最天然的洗浴池，但在交通發達觀光化後，長年遊客人滿為患，改變了老人家原先的生活習慣，2009年莫拉克風災後，溫泉遭土石掩埋，現已不見蹤跡。

傳統魯凱族人一生中以擁有一棟石板屋為最大的榮耀，但在時代腳步下，鋼筋水泥磁磚快速取代石板屋，多納發展協會曾在多年前申請文建會經費修復部分家屋，共約修復十棟，目前在茂林鄉三個部落，多納仍是保存較多石板家屋的村子。

抱著孩子的爸爸叫做 Cilo.Dalimau，漢名郭文貴，懷裡的孩子應該是女兒郭蘭花。石板屋後巷藏著許多孩子嬉鬧攀爬的記憶，但現在，改變的不僅是建築，母語和傳統文化的嚴重流失，在每個部落裡發生，房子壞了可以蓋回來，部落文化的喪失和瓦解，卻是永恆的難題。

1960 年代高雄茂林，一名多納部落的父親抱著女兒走過傳統的石板屋巷道。

做芋頭籃仔

1964-70
高雄茂林

一個頭綁布巾的原住民媽媽正在做竹編，看起來像是毫不起眼的家常生活，閩南人有，客家人也有，可是多納人說，她在編「刮芋頭皮」的籃子，我們一整年吃的芋頭乾就靠它了！

多納村位於荖濃溪支流濁口溪的小支流濁泉溪南方，海拔約 450 公尺，是現今茂林區三個部落中最深處的一個，由於地理環境封閉，在日本時代之前，是個幾乎完全自給自足的小村子。

部落的傳統食糧以地瓜、芋頭、小米為主，旱稻和糯米較少，而芋頭乾，是最重要的儲糧之一。家家戶戶的芋頭田邊都設有石頭堆疊、用竹子當烤架的爐灶，當芋頭收成後，白天男人去收集耐燒的柴火，女人負責看顧灶火並不時翻動芋頭以免烤焦，到了晚上女人回家照顧小孩，換男人在田裡過夜顧火，如此輪流約一週，才能把約四、五分地的芋頭完成乾燥，再揹回家貯存。

而這個正在編織的籃子，是用來放烤好還沒冷卻的芋頭，然後由兩人或四人一組前後搖動，藉由粗粗的竹篾配合翻滾摩擦，把芋頭燒烤後的皮屑刮乾淨。大的籃子約兩尺高，四、五尺寬，難怪要四個人扛。通常刮芋頭皮的時間在清晨，因為上下兩層芋頭要經過一天一夜的烘烤才會乾透，早上交班的時刻正好人力齊聚，可以合作刮皮。

在多納，芋頭的吃法百變，可以和野菜或樹豆一起水煮，芋頭樹豆是族人最愛的美味，或者煮熟後與糯米或小米混合，用木臼舂打成年糕，加了芋頭的年糕口感特別軟，假如用溪蝦或螃蟹當內餡，就更引人口水了。若有人捕獲山豬，芋頭乾打碎過篩成粉，加肉加水攪和灌進豬腸皮，就是多納版的灌腸，這在平常時候可吃不到，因此製作了一定會分贈親友共享。最平常的吃法，多納的 Isai 說，就是大人怕小孩肚子餓，上山耕作前塞給你一小包芋頭乾，餓了就吃，連鹽巴都沒有，還是很好吃。

一個竹編畫面引起豐富的生活記憶，看照片的 Legeageay 郁德芳認出她是 Lavengan（吳）家的媽媽，而這也是傳統多納媽媽的共同形象吧！

1960 年代高雄茂林，一名多納部落的婦女正在編織去芋頭皮的籃子。

童年个
部落

1964-70
高雄茂林

一群孩子在路邊玩，看不出個所以然，判斷不出時間地點內容，這張照片本來快被放棄了，卻被眼尖的多納人 Isai 看到，說：「這是我們多納！這個房子我認得，是我同學的哥哥武順天的家！」

隨著族人的記憶，我們看到了水泥化之前的部落。Isai 推算，拍完這張照片沒多久，鄉公所就來挖水溝鋪水泥路了，其實多納的路面本來就有水溝，很高級，清一色都是石板，由族人合力手工打造，溝底和兩側是用大塊石板拼成，不需加蓋，容易清理，但一條馬路只做一邊，水溝正好在這群小朋友的對面，沒拍到，真是可惜了。

小朋友赤腳踩的泥石路面，有透水的呼吸作用，不像現在水泥或柏油路面，夏天太陽一晒就熱氣沖天，想打赤腳得小心被燙傷。竹子做的欄杆標示出家戶界線，也方便族人在廣場晒小米時，加竹柵封圍，防止四處遛達的狗或豬闖入，但平時家家戶戶是完全通透的，小朋友可以在部落內任意穿梭玩耍。

除了水泥化，電力也在 1966 年左右進到多納，畫面右邊的電線杆，說明了當時部落已經不用點油燈了。

小朋友是誰呢？右一是羅麗娟，右二是羅誠，右三潘志勇，右四馬健勝，右五趙光平，最左邊背對鏡頭的看不清楚是誰。其中個頭最高的馬健勝已經不在人世，而兩位羅姓小朋友，就是對面頭目家的，他們的哥哥羅善即是現任的大頭目。

小朋友面對鏡頭顯得有點怕生，石板屋裡更有大人側身探看拿相機的漢人，按小朋友年紀推測，這張照片約攝於 1970 年，看照片的多納人邊看邊說：「這個攝影師怎麼不多拍一點？我們現在都看不到過去了！」

約 1970 年，高雄茂林多納部落的孩童好奇地看著陌生的攝影師。

魯凱多納小檔案 魯凱族分布於中央山脈南端東西兩側海拔 500 到 1000 公尺的山區,人口約 11,947 人(2010 年 3 月數據),按地理位置可分為濁口群(又稱下三社群)、西魯凱群、東魯凱群。李秀雲所拍的多納部落,就是位於濁口溪流域的濁口群三部落之一,另外二個是茂林、萬山,皆屬高雄市茂林區管轄,西魯凱則屬屏東,東魯凱屬台東。

頭目个屋家

1964-70
高雄茂林

階級區分嚴明的魯凱傳統社會，以 sadrengedrenge（石柱）立在頭目家門口的廣場，象徵部落最大的權力，起初，我們無法確認這是哪個部落的石刻人像，幸得多納的 Isai 指認：「這是多納頭目羅善家，石頭是我叔公雕的，我小時候看過他敲這個人像！」

Isai 說，多納的頭目 Laligan（羅）家，前面有一個大廣場，部落會在此舉行婚禮、豐年祭的慶典。廣場中間生火的地方，還立有一塊方形的、比人高的石板，他年少時，有一天看到叔公 Chagebbe.gamogane 在「敲」這個有點裂掉的方形石板，敲來敲去，竟然就變成人形石雕，然後一群老人家合力把它立在廣場原來生火的基地上，即是照片所見的樣子。

當時到底是叔公自發性的舉動，還是頭目下令，還是眾人敬獻，已經不可考，但是，叔公的藝術天分在部落裡是鼎鼎有名的。

除了廣場石柱，頭目家內部還會有一根木柱，通常雕刻人像、百步蛇紋、動物等。每逢重要聚會，木柱旁的位置專屬於頭目和貴族，而這也是狩獵回來後放置獵物等待族人共享的地方。

日本人統治台灣後，國家力量介入部落，傳統階級瓦解，演變到現在，靠選舉產生地方領袖，石柱與木柱的權力意義已逐漸消失，一般平民的家裡也立起雕刻木柱或石柱做為裝飾，這個由一群老人敬立的人像，雖然還存留著，卻因房屋改建已從廣場中央移到牆邊了……。

1960 年代高雄茂林，多納頭目家前廣場上的人形石雕。

貴族个屋家

1964-70
屏東來義

不要小看這簡樸的原住民家屋,它可是貴族階級的屋子,何以分辨呢?入口門楣上的百步蛇人頭雕刻,是排灣貴族才能使用的圖騰,相傳百步蛇是排灣人的祖先,百步蛇紋因此成為貴族專屬的紋飾,代表統治階級的權威、榮耀與力量,而下面一排三角形紋是百步蛇背紋的簡化變形,也屬貴族專用。

排灣族主要集中在屏東,以來義鄉人口最多,傳說中大武山是其祖先發祥地。傳統排灣社會有明顯的世襲制貴族階級,部落的土地、耕地、獵場、河流都是貴族所有,平民在貴族的領地耕種、狩獵,必須繳納一定供品,家屋或衣服器物上的百步蛇紋飾,就是分辨並強化階級的圖騰。

這個貴族家門口地上有好多甕,用石板蓋著的是裝米糧的,未脫穗的小米或稻米貯存在大糧倉,脫穗後就放進甕裡供平日取用,傳統的脫穗法是把米穗放在蓆子上用腳踩。從甕裡取出的米糧,煮食前要先放到門口右邊的木臼裡,舂打去殼,這件事差不多每天都要做,所以工具都擱在隨手可得的地方。

中間一個甕綁了藤繩,是用來防止釀酒時因發酵而產生的脹裂,釀酒的甕身要選特別厚的,而且內裡的胚土要打得比較細緻,這樣才不會因為吸收發酵的氣泡而容易破裂,而裝水的甕通常比這些甕都還大。

門口石柱上掛著三樣東西:一個小魚簍、一盞油燈,以及刀鞘,都是家常生活用的器物。

族人說,這個石板屋已經被「山地平地化」影響了,石板被泥巴封起來,變成平平的牆壁,平地人說這樣比較好看。看那牆壁怎會這麼厚,因為裡面原都是厚厚的石板牆啊!

1960 年代屏東來義排灣族的一棟家屋,門楣上的百步蛇紋,是貴族專用的雕飾。

牛來了

1964-70
屏東來義

屏東來義鄉的排灣族世居在海拔 500 公尺以上的山林，傳統狩獵生活裡是沒有牛隻的，光復後因為遷村較接近平地，才漸漸了解牛的價值，開始學著平地人以牛代勞，這位婦女牽著牛兒走在泥石路上，看起來已經非常熟練了。

從前對牛隻陌生的年代裡，部落老人家對牛是有許多禁忌的，例如牛車走過的路跡，人不能踏，要用樹枝草葉鋪上去才能走；若要煮食牛肉，不能在家裡煮，要到外面煮，至於為什麼？也沒人能說出個所以然，只能猜測，可能是對牛有一種陌生的恐懼吧！

牽牛婦人身上的衣服是排灣族最家常的傳統服飾，完全沒有繡花或鈴鐺，而或許是受到平地人的影響，她的頭巾是用綁的而非纏的；打赤腳走在石頭路，通常腳底會長一層厚厚的繭，那個年代人人都是這樣的。

台灣自荷蘭時代引進牛隻後，不論漢人或原住民都普遍使用，來義的排灣族卻在光復後到1970、80年代期間，才廣泛用牛犁田、拉車載貨，然而接下來，在腳踏車、摩托車、汽車快速進入部落，青壯人口外移的社會潮流下，牛耕又迅速消失，看他們身後的電線杆，和左邊現代化的家屋，就知道牛兒才來不久，就又即將離去了。

1960 年代屏東來義，一名年輕的排灣族婦女牽著一對黃牛，走在有電力、有水泥房、日漸現代化的部落裡。

頂上功夫
1968
屏東來義

全世界很多民族都發展出用頭頂物的搬運方法，台灣傳統的排灣族女性也擅長此道，看畫面裡的籃子像是裝了好多顆大西瓜，飽含水分的重量可不是開玩笑的，面對鏡頭，她們臉上卻還開心笑著！

來義的文史工作者尤振成說，在當地，傳統搬運方式男女有別，男人用扛或用挑，女人一律用頂，跟魯凱族常用額頭頂著頭帶揹背簍很不一樣，至於為何排灣會發展出如此這般的搬運方式，則不得而知。而圖中這兩位婦女，應該正在把自己田裡種的西瓜搬運回家，以前部落沒人在買西瓜，都是吃自家種的。

這種獨特的搬運方式，並非一朝一夕可學會，女孩子從五、六歲就開始接受訓練，起先用小籃子裝一兩個地瓜，練習讓籃子不會搖晃掉落，接著嘗試走上坡、再走下坡，重點是控制重心和掌握平衡，然後隨著年紀逐漸增加重量，最後不管是小米芋頭地瓜西瓜，都難不倒了。

尤振成說，以前的婦女除了頭頂放重物，背上還要揹小孩，前面的手還要牽牛或拿東西，有些媽媽更厲害，可以一邊頂東西一邊走路編織，雙手完全沒有閒下來，聽了真令人咋舌啊。

1968 年屏東來義，兩名排灣族婦女以傳統的頭頂式搬運法，把收穫物帶回家。

新部落

1964-70
屏東來義

來義鄉絕大部分排灣族部落都是在光復後，才從舊社搬遷到靠近平地的地方，遷村擇地時，按照祖先傳承的經驗，不敢離河床太近，以防洪水侵犯，因此出現了山腰上這樣壯觀的石頭駁崁，房子蓋在駁崁最上面，離溪水遠遠的，要進出家園，得繞著蜿蜒的小路行走。

這些駁崁都是村民同心協力一塊一塊石頭堆出來的，想想看這得耗費多少人力和時間！最上方除了蓋家屋，還有必備的圓頂型穀倉。小路上顯得很熱鬧，有穿著傳統服裝包著頭巾正要往下走的婦女，也有戴著斗笠的小女孩，和一位頭上頂著好大一疊似是麻布袋的婦女，正要往上走去，一名身穿短洋裝的妙齡女郎舉手遮陽往下走，更前面有頭戴草帽穿短裙的女孩手執臉盆，可能要去洗衣服，看起來天氣很是炎熱啊。

傳統穀倉、傳統裝扮、傳統頂東西的方法，和現代的臉盆、洋裝、草帽、電線，一起出現在這壯闊的手工石頭駁崁裡，新舊交陳、時代接替，再過不了多久，石駁崁變水泥，傳統服飾只在祭典才看得到了。

上：1960 年代屏東來義排灣族部落，婦女們上上下下，走在蜿蜒上升的石駁崁上。
下：來義的穀倉多數為圓頂型，宛如巨型蘑菇，這座已經從茅草頂改為鐵皮包覆，木柱上的石板為防鼠裝置。

上山

1971
屏東來義

潔淨的溪水從遙遠的南大武山，曲折蜿蜒的經過了層層山巒，下到了來義，在溫柔怡人的晨曦裡，空氣彷彿還飄著些許山嵐；準備上山工作的排灣族一家人，逆著朝陽往上游的田地走去。山巒、大河、晨光、家人、影子、狗，李秀雲溫柔的鏡頭，如此平和寧靜的「畫」出充滿感情的山中一景。

頂著大籃子的媽媽，籃子裡還裝著許多小籃子，爸爸的右手拿著三個不知是大斗笠，還是大竹籃，想必也是工作要用到的，他腰側和腰背各插著一把刀；走在他前頭的孩子揹著不算小的背包，裡頭裝的可能是午糧、種子，或自己必須用到的小工具。垂著乳頭的狗狗身形有點臃腫，或許懷孕了，牠也是家裡重要的一份子。

不知道是周日還是暑假，孩子不用上學，可以跟父母一起去山上種芋頭、小米，照顧田地，部落生活的點點滴滴，就在這樣的相處裡，傳習了下來。部落老人家總愛說，很久以前，男人打獵，女人種吃的，根本無須用到錢，一代一代，全家人緊密的連結在一起，可是現在，我們看不到我們的孩子了，他們都去平地讀書或賺錢了……。

要拍到這樣溫馨的畫面，李秀雲想必在清晨四點天還沒亮前，就騎著機車從竹田往來義山裡走，尋覓到一個適切的鏡位，等待經過的行人，為預想的山水構圖填補人的位置；他是否先來勘查過？還是在一次偶然的機會裡，拍下如此動人且令人懷念的片刻？大概只有來義的山水知道了。

1971 年屏東來義，一家排灣族人帶著各式用具和狗兒，沿著被晨曦照亮的溪水，走向山裡頭的田園。

李秀雲
年表

1919	出生於屏東縣竹田鄉頭崙村,當時竹田舊地名為「頓物」,縱貫鐵路阿猴線在此設有「頓物驛」簡易站。
1920	全台地方制度改制,許多地名改稱,比如阿猴改屏東、打狗改高雄,頓物改名竹田,並成為竹田庄役場所在。
1925	入竹田公學校,1931年畢業,入內埔公學校高等科;1932年竹田公學校新設高等科,又轉回竹田從一年級讀起。
1934	高等科畢業,考入高雄州屏東農業學校農業科,由竹田火車站出入通學。
1938	赴日本修學旅行(畢業旅行)。
1939	農校畢業,任職於旗山郡杉林庄役場。竹田車站新設木造站房。
1941	與徐榮娣結婚。由杉林庄役場轉職高雄州農會潮州郡支會。
1942	長男國男出生。
1943	轉職日本三菱東山產業株式會社,到東京受訓,再派到印尼,任農業指導員。
1945	日本投降。
1946	返抵台灣。
1947	於東港糖廠(後改名南州糖廠)擔任農務課技術員。二子國英出生。
1948	長女玉英出生。
1950	三子國禎出生。
1955	分家,父母與弟錦亮同住。分得三間房、六分田;蓋竹屋一間。
1958	拆竹屋,新蓋瓦房。
1964	購買第一台相機,開始攝影,內容以家人、頭崙、六堆風土為主。次子國英考入明志工專。
1965	屏東單鏡頭俱樂部成立,為創社社員之一。又陸續加入台灣省攝影學會、台糖攝影社,作品經常參展。
1966	長子國男就讀屏東農專農化系。長女玉英讀美和護專。
1967	父親去世,享年74歲。
1970	母親去世,享年77歲。開始以彩色負片大量記錄六堆。
1971	農地重劃十年計畫完成,農村地貌有巨大變化。第25屆全省美展開始將攝影納入範疇。以作品「女人」獲屏東單鏡頭俱樂部年度攝影比賽金牌獎。
1974	長女玉英結婚。長男國男結婚,於婚禮同時舉辦單鏡頭俱樂部攝影比賽,此時會員幾已全數使用彩色負片。
1975	開始大量栽培石斛蘭。次子國英赴日留學,就讀早稻田大學機械工程系。
1976	於家中蘭園舉辦單鏡頭俱樂部攝影會;翌年因賽洛瑪颱風,房舍蘭園損害嚴重。
1978	六堆忠義祠於春節舉辦美展,作品「敬字」、「土地公」、「古窗」等參展。

1979	自台糖退休，經營蘭園。
1980	當選六堆文化基金會第七屆董事。到南韓、日本旅遊，赴東京參加第五次世界客屬懇親大會。
1981	三男國禎結婚。
1982	次男國英結婚。赴泰國參加第六次世界客屬懇親大會。
1984	當選六堆文化基金會第八屆董事。擔任六堆忠義祠中庭設計。
1985	因積極任事改善忠義祠中庭空間，於忠義祠春祭時受表揚。
1986	開始在頭崙村擔任外丹功教練，運動、看書、寫字、園藝為晚年主要活動，攝影以蘭花和家人為主。
1989	出國旅遊前身體病發，療養。
1994	妻去世，享年 76 歲。劉安明來訪，驚嘆作品之優秀，主動整理放大並促成兩年後出版展覽事宜。
1995	作品應裕隆公司之邀於其第四屆藝文季參展，並製作成年曆，引起廣大回響。與劉安明同獲法國巴黎中華文化中心客家文物展邀展。
1996	於屏東縣文化中心舉辦「吾鄉」個人攝影展，並出版《吾鄉》攝影集。
1997	《吾鄉》再版。作品參展於台北市政府「看見原鄉人──台北客家光影紀事」攝影展、攝影集。
1998	於內埔工業區管理所舉辦展覽。於台北縣中和農會舉辦「鄉土影像」攝影展。
1999	六堆忠義祠春祭時，於竹田國中與劉安明共同舉辦「六堆風情攝影展」。
2000	由竹田舊車站改成的「竹田驛園」落成，舉辦「李秀雲吾鄉情懷攝影展」。六堆第 36 屆運動大會於內埔國小舉辦「李秀雲六堆風情攝影展」。
2001	元月，屏東縣政府出版劉安明、林慶雲、李秀雲三位前輩藝術家傳記。6 月 15 日去世，享年 83 歲，六堆忠義祠管理委員會與六堆文教基金會為其覆蓋六堆堆旗。
2005	李秀雲攝影紀念館於竹田驛園南側鐵路倉庫成立。
2006	為推動紀念館活化經營，屏東縣李秀雲先生鄉土關懷協會及竹田驛園志工服務團隊於 12 月成立。
2009	「行政院客家委員會客家文化發展中心」於其籌備階段時完成「20 世紀（1975 年之前）臺灣客籍攝影家調查暨數位典藏計畫──李秀雲部分」。
2012	《顯影六堆・李秀雲》出版。

圖版索引

以下所列本書攝影家圖片，主要選自「20世紀（1975年之前）臺灣客籍攝影家調查暨數位典藏計畫」，此計畫為「行政院客家委員會客家文化發展中心」於其籌備階段時於民國97至98年期間委辦之計畫，共完成李秀雲等11位客籍攝影家共約47000張圖檔及後設資料之數位化工作，相關成果已彙整至「臺灣客家文化中心典藏管理系統」。

圖片下方標示依序為本書頁碼，及「20世紀（1975年之前）臺灣客籍攝影家調查暨數位典藏計畫」圖檔檔號。少數圖片僅標示頁碼，則為作者撰文過程中，由攝影家代表人或收藏者另外提供。

P8
thcc-hp-lsy02078

P9
thcc-hp-lsy02052

P9
thcc-hp-lsy02199

P13
thcc-hp-lsy00887

P13
thcc-hp-lsy01034

P17

P17

P17
thcc-hp-lsy00326

P20
thcc-hp-lsy01275

P23
thcc-hp-lsy02654

P23
thcc-hp-lsy00722

P23
thcc-hp-lsy02378

P25
thcc-hp-lsy02706

P25
thcc-hp-lsy02709

P27
thcc-hp-lsy00943

P29
thcc-hp-lsy01937

P29
thcc-hp-lsy00066

P31
thcc-hp-lsy02354

P31
thcc-hp-lsy00266

P33
hcc-hp-lsy00678

P33
thcc-hp-lsy02401

P35
thcc-hp-lsy02535

P35
thcc-hp-lsy00384

P35
thcc-hp-lsy00360

P35
thcc-hp-lsy00361

P35
thcc-hp-lsy00362

P35
thcc-hp-lsy02536

P37
thcc-hp-lsy01413

P39
thcc-hp-lsy00555

P39
thcc-hp-lsy01284

P40
thcc-hp-lsy02537

P41
thcc-hp-lsy02692

P41
thcc-hp-lsy01093

P42
thcc-hp-lsy00072

P42
thcc-hp-lsy00416

P43
thcc-hp-lsy02198

P44
thcc-hp-lsy02414

P45
thcc-hp-lsy02526

P46
thcc-hp-lsy00176

P46
thcc-hp-lsy02122

P47
thcc-hp-lsy02705

P49
thcc-hp-lsy01097

P51
thcc-hp-lsy00202

P51
thcc-hp-lsy00207

P53
thcc-hp-lsy00734

P53
thcc-hp-lsy01099

P55
thcc-hp-lsy01925

P57
thcc-hp-lsy00376

P59
thcc-hp-lsy02156

P61
thcc-hp-lsy02480

P61
thcc-hp-lsy02479

P63
thcc-hp-lsy02009

P65
thcc-hp-lsy00736

P67
thcc-hp-lsy02091

P67
thcc-hp-lsy02206

P67
thcc-hp-lsy00298

P69
thcc-hp-lsy00494

P71
thcc-hp-lsy00043

P71
thcc-hp-lsy00045

P73
thcc-hp-lsy00611

P73
thcc-hp-lsy00793

P73
thcc-hp-lsy00787

P75
thcc-hp-lsy02488

P75
thcc-hp-lsy00036

P77
thcc-hp-lsy02486

P77
thcc-hp-lsy00796

P77
thcc-hp-lsy00780

P79
thcc-hp-lsy00776

P81
thcc-hp-lsy02116

P83
thcc-hp-lsy00006

P85
thcc-hp-lsy02335

P85
thcc-hp-lsy02092

P85
thcc-hp-lsy01914

P87
thcc-hp-lsy00629
牛吃草

P87
thcc-hp-lsy00800
農村風光

P89
thcc-hp-lsy02474
農場工

P89
thcc-hp-lsy00209

P89
thcc-hp-lsy01950

P90, P95
thcc-hp-lsy01299

P93
thcc-hp-lsy01412

P97
thcc-hp-lsy02170

P97
thcc-hp-lsy02171

P99
thcc-hp-lsy01894

P101
thcc-hp-lsy01044

P103
thcc-hp-lsy01876

P103
thcc-hp-lsy02169

P103
thcc-hp-lsy02457

P105
thcc-hp-lsy01866

P107
thcc-hp-lsy01972

P109
thcc-hp-lsy00496

P111
thcc-hp-lsy00369

P112
thcc-hp-lsy02253

P112
thcc-hp-lsy02217

P113
thcc-hp-lsy00810

P113
thcc-hp-lsy00764

P115
thcc-hp-lsy00009

P117
thcc-hp-lsy02530

P119
thcc-hp-lsy00002

P119
thcc-hp-lsy00012

P121
thcc-hp-lsy00005

P123
thcc-hp-lsy00026

P125
thcc-hp-lsy02039

P127
thcc-hp-lsy01882

P129
thcc-hp-lsy02444

P131
thcc-hp-lsy00592

P131
thcc-hp-lsy02037

P133
thcc-hp-lsy02631

P133
thcc-hp-lsy02633

P133
thcc-hp-lsy02628

P133
thcc-hp-lsy02629

P134, P173
thcc-hp-lsy02056

P137
thcc-hp-lsy00557

P137
thcc-hp-lsy00363

P139
thcc-hp-lsy02168

P139
thcc-hp-lsy02174

P141
thcc-hp-lsy00687

P143
thcc-hp-lsy00048

P143
thcc-hp-lsy00270

P143
thcc-hp-lsy00271

P145
thcc-hp-lsy01935

P147
thcc-hp-lsy02267

P149
thcc-hp-lsy00684

P151
thcc-hp-lsy02287

P153
thcc-hp-lsy02139

P155
thcc-hp-lsy02266

P157
thcc-hp-lsy02441

P159

P161
thcc-hp-lsy01861

P161
thcc-hp-lsy01854

P163
thcc-hp-lsy0039

P165
thcc-hp-lsy01007

P165
thcc-hp-lsy00470

P165
thcc-hp-lsy00471

P167
thcc-hp-lsy02350

P167
thcc-hp-lsy02436

P169
thcc-hp-lsy00294

P171
thcc-hp-lsy00060

P173
thcc-hp-lsy02054

P173
thcc-hp-lsy02062

P175
thcc-hp-lsy00495

P175
thcc-hp-lsy002697

P177
thcc-hp-lsy00024

P177
thcc-hp-lsy00842

P179
thcc-hp-lsy02053

P181
thcc-hp-lsy02208

P181
thcc-hp-lsy02209

P181
thcc-hp-lsy00838

P182, P205
thcc-hp-lsy00644

P185
thcc-hp-lsy01656

P186
thcc-hp-lsy01305

P186
thcc-hp-lsy00929

P187
thcc-hp-lsy02755

P188
thcc-hp-lsy01660

P188
thcc-hp-lsy01709

P189
thcc-hp-lsy01705

P190
thcc-hp-lsy00907

P190
thcc-hp-lsy02757

P191
thcc-hp-lsy01717

P192
thcc-hp-lsy01564

P193
thcc-hp-lsy01692

P193
thcc-hp-lsy01308

P194
thcc-hp-lsy01546

P194
thcc-hp-lsy01721

P195
thcc-hp-lsy01307

P197
thcc-hp-lsy02379

P199
thcc-hp-lsy00739

P201
thcc-hp-lsy00711

P201
thcc-hp-lsy00697

P203
thcc-hp-lsy01304

P203
thcc-hp-lsy02759

P205
thcc-hp-lsy00646

P207
thcc-hp-lsy00142

P209
thcc-hp-lsy00137

P211
thcc-hp-lsy00155

P213
thcc-hp-lsy00154

P215
thcc-hp-lsy00165

P217
thcc-hp-lsy00166

P219
thcc-hp-lsy00156

P221
thcc-hp-lsy00143

P223
thcc-hp-lsy01026

P225
thcc-hp-lsy00144

P225
thcc-hp-lsy00150

P227
thcc-hp-lsy02472

後記一

再見農村

古秀妃

第一次見到李秀雲先生的攝影作品是在 1992 年，當時我還是一名大學生，參加一場在美濃舉辦的客家夏令營，授課的鍾秀梅老師一邊播放秀雲先生的作品，一邊分析著台灣農業與農民處境的結構性問題，這一堂課，啟蒙我的社會意識及日後的公共參與，並對李秀雲先生動人的影像紀錄留下深刻的印象。

未料 18 年後，竟有幸與秀雲先生的作品再相遇。當二姊秀如推薦我書寫李秀雲鏡頭下的農村生活，我遲疑許久，深怕自己不成熟的文字破壞了畫面的美感，而這一寫，才知道自己對舊日農村生活經驗的了解實在太少太膚淺。

雖然出生在農家，小時候也偶爾幫忙農事和家務事，但真正的勞動、而且是 1960 年代沒有機械設備、完全靠技術和勞力的農業社會，我一點經驗也沒有，頂多聽父執輩在與我們比較世代的幸福時才偶然聽到過去的生活點滴，因此要將訪談的內容化為文字，開始下筆時感覺千斤重，不知從何著手。

後來書寫的這段期間，我經常對著窗外的禾埕發呆，想著這片禾埕曾經是農民祖父在這裡晒穀、伙房裡十幾二十幾個的小孩追逐穿梭、母親在田裡和廚房來回奔波忙進忙出⋯⋯就這樣跌入時光隧道，整個人像浸泡在 60 年代的生活場景一般，此時，照片裡停格的畫面在我的想像裡開始活動，我的身體好像感受到了那個年代的聲音、氣味、動作和情緒，然後雙手敲下鍵盤慢慢地揣摩書寫。

我是這麼樣地跟著秀雲先生的攝影作品，去體會、理解眉宇之間散發出穩健風骨的婦女何以總是如此堅定？承受極度勞力的農民怎能一生每日如常奮力與天地搏鬥、耕耘栽種以撫育下一代？當我緩慢地一篇篇的書寫，這些看似瑣碎、曾經是先輩們的真實生活已漸漸地影響我的人生，很不可思議地化解了我生命中的挫折，療癒沉積在心裡的苦痛。我驚訝地發現，原來這就是土地和人民的力量，是一種包容、淨化、接納、傾聽、給予信心的力量，而收穫最大的還是我個人啊！

我為著不復存在的生活型態感傷，就如同失去親人般的傷心，而最讓我難過的莫過於面對台灣已是夕陽的農業，面對農村的凋零和農業的萎縮，如今自己身在公門卻無能為力，受自於農村而無以回饋，最感嘆莫過於此啊！

書寫中期，我因新工作重返職場，遂由秀如接手後期書寫，包括客語用字、校對等考訂。

這期間，感謝所有接受過我訪談的親朋好友以及遠流的編輯群，特別是鍾鐵民老師，在他生前身體欠佳的情形下仍擔任我的顧問、幫我看稿，感念在心；還有秀雲先生的長子國男先生，他無私地貢獻所有的一切，熱心協助解決許多問題。

最後，我要向秀雲先生致敬，因為他以如此寫實的角度觀看世界，保留當代彌足珍貴的生命價值；還有眾多厚實的農民如我的父母親，一生歲月奉獻於土地，在我心目中遠比任何事都偉大。這篇後記，只是一個小小的我表達書寫過程的感觸，這一切都是學習，謝謝你們！

後記二

飲水思源

古秀如（少騏）

記得1996年秀雲先生的《吾鄉》攝影集出版時，一群美濃的年輕朋友相邀要去竹田拜訪他，那時不知何故我沒有跟上，時光這麼一輾轉，再與秀雲先生相見，竟已是15年後的2011年。這一次，雖沒有機會聊天，卻從大量的手稿、影像、訪談，與秀雲先生神交，更神奇的是，他書房裡那寥寥幾張珍藏的剪報裡，竟有一份我早期在《中國時報》寶島版撰寫美濃送字紙的報導，看著署有我名字的舊剪報，想著秀雲先生收藏的心情，

原來，我們很早就打過照面了……。

這一次能有機會為秀雲先生的作品撰寫文字，有一種無法言說的感恩和激動。看著他的六堆圖像，張張如此熟悉溫暖又動人，裡頭的場景和人物，簡直就是我和妹妹從小生活的伙房的一切，此番撰文，追索他從1964到1970年的影像，等於是回到我們出生前十年的南台灣農家生活，那正是父母輩日日揮汗，勞心斃力的與天候、收成、價格交戰的年代，那時，伙房是熱鬧的：我們五個兄弟姊妹，正一個個落地呢。

我和妹妹秀妃出生的小村手巾寮，是個閩客夾雜的邊緣村落，現在行政區雖劃屬旗山，日本時代是美濃南隆農場的行政中心。曾祖父在日本時代從美濃第一老街永安路，搬到這南方平原，家族親戚都在美濃，幫我們蓋伙房修伙房的，也都是美濃鄉親。從小，在家裡講客家話，跟同學講閩南話，跟老師講國語，阿公還教我們唱日語童謠；族群和歷史，在生活裡以語言作了分明的印記。

跟許多美濃農民一樣，家裡從前種稻、種菸，後來香蕉價錢好了，才全面改種香蕉，因此，秀雲先生的影像，不論田事、伙房，幾乎是我們回顧童年和父母輩生活的一次巡禮，一輩子務農的父母親，對這些照片，真是再熟悉不過了——那正是他們真真切切走過的生活啊。

在此次訪查中，父母親友和許多不認識的長輩，熱切的為我們講述舊時生活經驗，解答許多困惑，秀雲先生的影像，讓我們和上一代有了再一次的連結，因為，影像的場域和氛圍雖然熟悉，農作經驗的細節卻不是我們所能空想捏造的；而這個連結，卻也暴露出更大的空白：連出生於農家的我們，都與上個世代有了許多脫節：語言的脫節、生活經驗的脫節，這些客家文化藏身之處，正一點一滴的遠離現代生活。

語言是最直接而強烈的，老人家說，做叩廟、框布袋、蒔脫仔、捎秧尾、破埤頭，每個字詞裡，蘊含了一大串的生活背景，農事已遠，這些伴隨農業生活的用語也漸隨之杳然，

這，該怎麼是好呢？怎麼去看待這些老東西？許多字眼，遍尋現存的客語字典仍是找不到，許多用法，南北客有著明顯差異，文化的豐富多元在這其中，急速流失的擔憂也不曾停息，記得鐵民老師曾說，客家話是農業的語言，但在現代如何去思索這一切呢？

書寫的過程裡，感懷和焦慮經常如此併發，而眼前所能做的，就是深冀透過訪調文字，把影像未能陳述的生活史料，於每幀作品的感性外，鋪上一層知性和歷史的基底，讓影像兼具有情感和知識的層面，而有更多有形無形的延伸，這一次，相信我們離這個目標並不很遠。

書寫的最後，無法自抑的仍要特別感激父母，他們一如李秀雲影像中的所有勞動農民，苦心栽培稻作或瓜苗般的培育我們，假如我們今天能在文字上或工作上，對社會有細微的貢獻，這一切都要歸功於那至今仍在田地裡辛勞的雙親。

【全書各篇文章作者一覽表】

◎導論
古秀如

◎田頭地尾
古秀如：P84 弓蕉金蕉、P88 會社工；餘均為古秀妃撰寫。

◎伙房大細
古秀如：P94 學燒火、P98 貼肉丸、P102 拜新丁、P104 八音班、P108 間肚談寮、P110 阿姆同阿姑、P116 阿婆渡孫、P118 搞貓仔、
　　　　P126 阿婆肉，敬外祖
古秀妃：P92 灶下、P96 刷番薯簽、P100 拜天公、P106 過年个伙房、P114 收涎、P120 來去讀書、P122 磧搖頭仔、P124 掛米篩、
　　　　P128 新娘間、P130 等食新娘茶、P132 紮門簾

◎庄頭庄尾
古秀如：P136 西柵門、P138 東門樓、P140 昌黎祠、P142 圍龍屋、P150 洗衫个細阿妹仔、P154 買花、P160 請伯公、P164 掛紙、
　　　　P166 大士爺、P168 有求必應有應公、P172 破埤頭、P178 火車入站、P180 月眉線橋
古秀妃：P144 打井水、P146 大圳洗衫、P148 河壩脣洗衫、P152 河壩脣洗鑊仔、P156 賣豬肉个阿宗哥、P158 牽豬哥、P162 弄獅仔、
　　　　P170 戲棚背、P174 釣蚴仔、P176 打窯仔暗番薯

◎隔壁鄰舍
古秀如

【致謝】(按筆畫排序)

尤振成、古張長妹、古德福、吳正宗、吳庚新、李文生、李玉英、李國男、李國禎、李得福、邱萱妮
東港東隆宮、郁德芳、徐世英、徐樹霖、徐蘭香、張春貞、張達銘、曹肇基、陳文安、陳文政
黃吳秋香、黃祝英、黃慧明、黃羅喜蘭、趙貴宗、劉安明、鄭桂香、戴常山、謝宜文、謝惠如、鍾定豪
鍾明發、鍾昭勤、鍾展雄、鍾徐錦珍、鍾慶河、麟洛湧源堂

【參考書目】

《吾鄉》李秀雲攝影集，李秀雲，屏東：屏東縣立文化中心，1996

〈清代客家人之拓墾屏東平原與六堆客庄之演變〉，林正慧，台大歷史系碩士論文，1997

《原鄉、大地、李秀雲》屏東縣前輩藝術家傳記，林磐聳，屏東：屏東縣政府文化局，2001。

《屏東平原的開發與族群關係》，簡炯仁，屏東：屏東縣立文化中心，2001

《台灣的藝陣》，陳彥仲等，台北：遠足文化公司，2003

《發現竹田水鄉的滄桑與契機》，藍色東港溪保育協會，台北：行政院客家委員會，2007

〈從忠義亭到忠義祠：臺灣六堆客家地域社會的演變〉，陳麗華，《歷史人類學學刊》第六卷第一、二期合刊（2008 年 10 月），
頁 147-171

國家圖書館出版品預行編目（CIP）資料

顯影六堆．李秀雲 / 李秀雲攝影；古秀妃，古秀
如撰文．-- 初版 -- 苗栗縣銅鑼鄉：客委會客
發中心，2012.01
248 面；24x19 公分．--（客庄生活影像故事；5）
ISBN 978-986-03-0486-2（平裝）
1. 客家 2. 生活史 3. 照片集 4. 屏東縣
5. 高雄市

536.211/7   100025331

客庄生活影像故事 5
顯影六堆
李秀雲

攝影：李秀雲
撰文：古秀妃、古秀如
審訂：陳運棟、陳板、鄭林鐘

出版者：客家委員會客家文化發展中心

製作發行：遠流出版事業股份有限公司
發行人：王榮文
編輯製作：台灣館
總編輯：黃靜宜
主編：張詩薇
編輯：李淑楨
美術設計：雅堂設計工作室
企劃：叢昌瑜、葉玫玉
行銷：鄭明禮、李立祥

諮詢委員：鍾鐵民、邱彥貴、范文芳

台北市 100 南昌路二段 81 號 6 樓
電話：（02）2392-6899
傳真：（02）2392-6658
郵政劃撥：0189456-1
著作權顧問：蕭雄淋律師
法律顧問：董安丹律師
輸出印刷：中原造像股份有限公司
2012 年 1 月 初版一刷
2014 年 1 月 初版二刷
ISBN 978-986-03-0486-2
GPN 1010100018
定價 380 元
行政院新聞局局版臺業字第 1295 號
（若有缺頁破損，請寄回更換）
有著作權・侵害必究
Printed in Taiwan

ylib 遠流博識網
http://www.ylib.com E-mail: ylib@ylib.com

本書由客家委員會客家文化發展中心
授權遠流出版公司出資印刷發行